遠隔透視 ネッシーは実在するか

未確認生物の正体に迫る

大川隆法

Ryuho Okawa

本書所収の遠隔透視は、2012年6月1日に、幸福の科学総合本部にて
公開収録された。

イギリス全体図

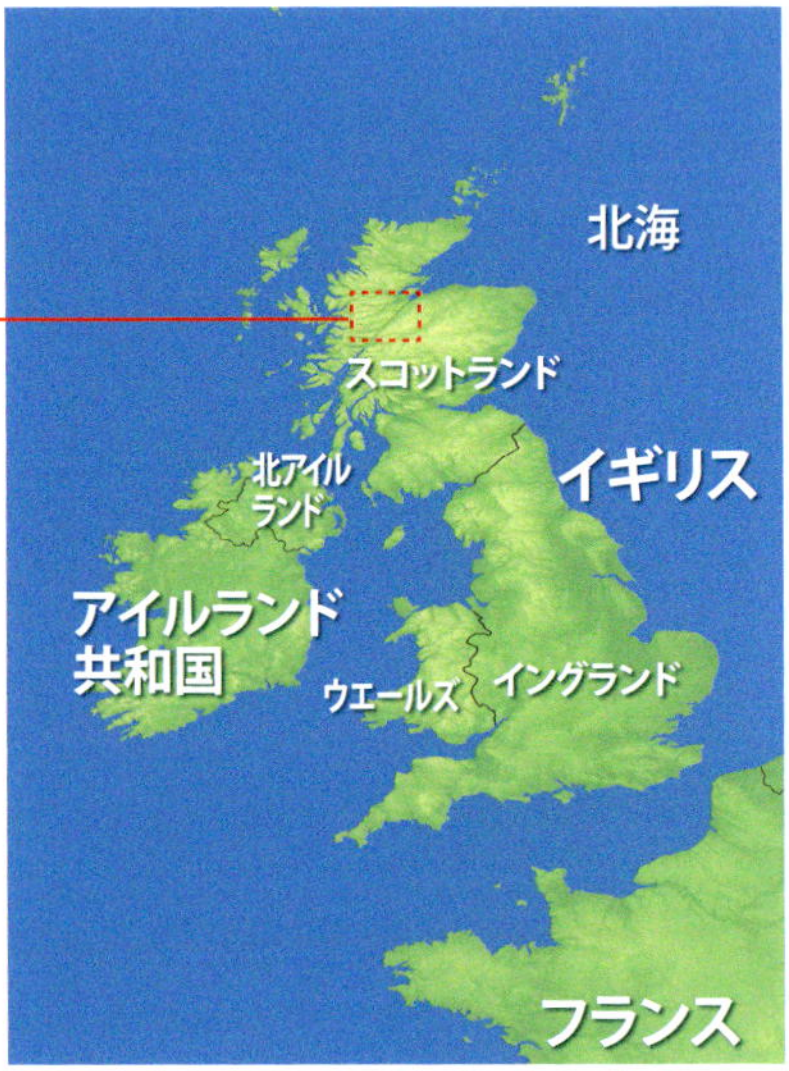

ネス湖周辺拡大図

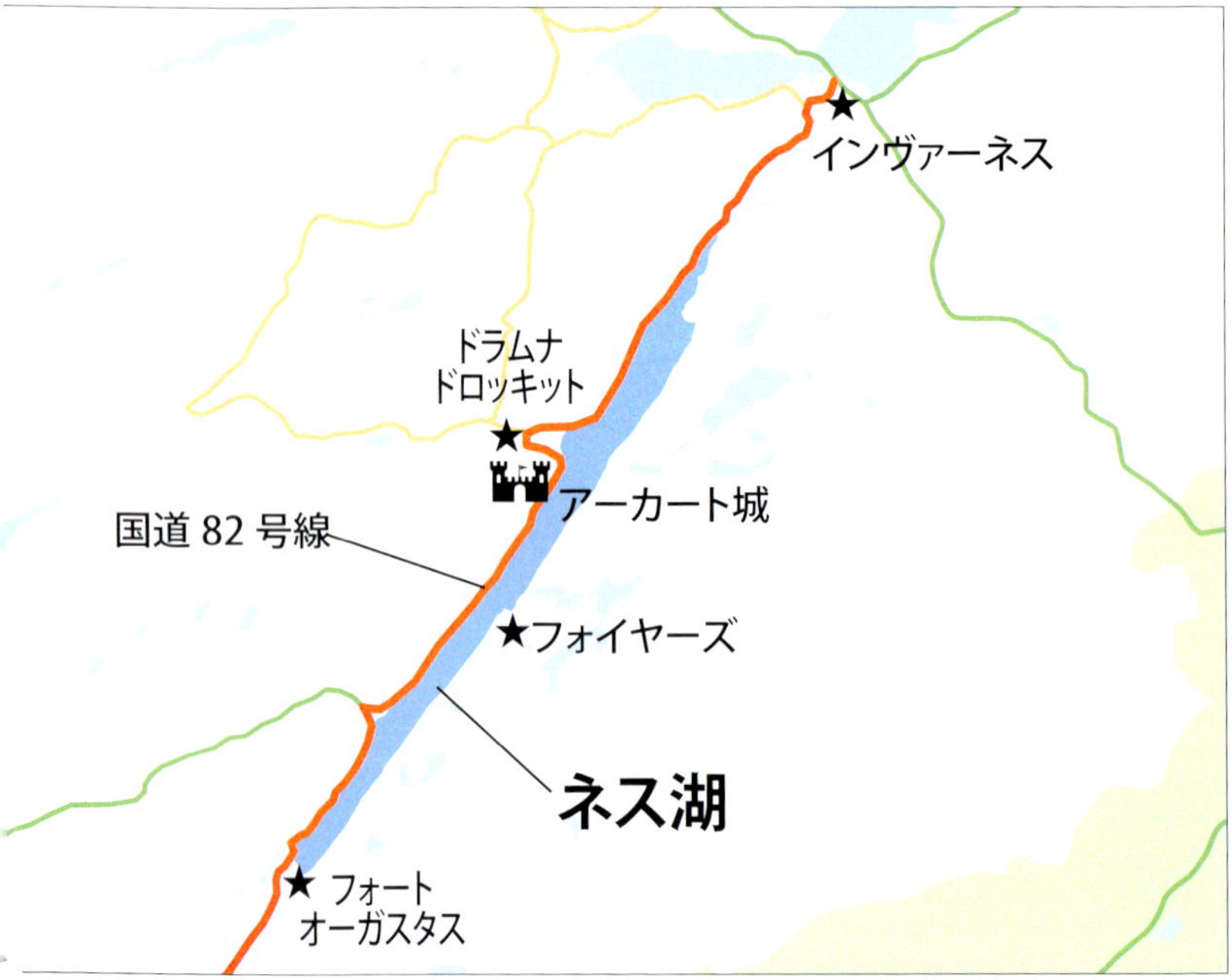

▲ネス湖（P.20 ネッシー目撃多発ポイントのアーカート城跡付近）

▲ネッシーブームの火付け役となった
有名な写真（P.25）

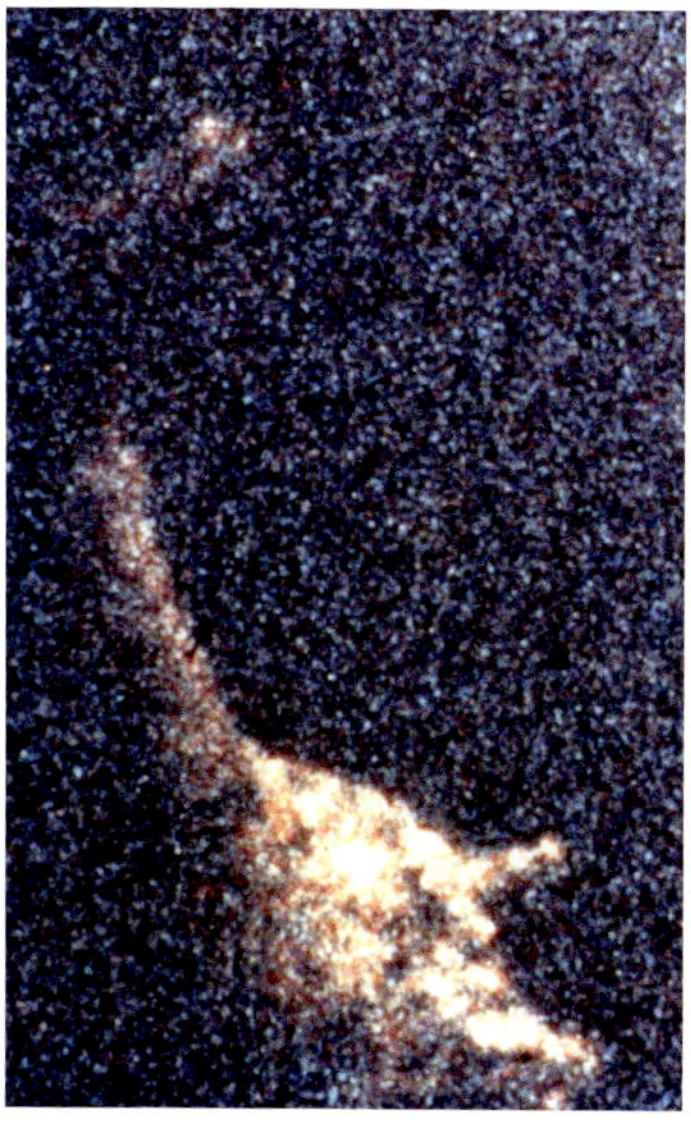

◀ボストン応用科学アカデミーの調査隊
が水中カメラで撮影した写真（P.38）

まえがき

地球上には、まだまだ不可思議な現象が多い。ネス湖のネッシーは有名な未確認生物の一つで、子供の頃から関心は持っていた。はるかなる昔に、海と続いていたネス湖が内陸湖となって、閉じ込められた古代の恐竜が今も生きのびているのか。様々な伝説にいろどられるスコットランドの秘密に斬り込んでみた。スコットランドのネス湖自体はかなり大きく、水深も深く、透明度が低いため、一回の遠隔透視では、最終結論まで到達できたかどうかは判らない。

しかし、何らかの謎の生物のモチーフになったのではないか、と想像される三種類の存在を発見することはできた。

本書の遠隔透視は、釈尊の有する六大神通力のうち、「神足」（体外離脱飛行能力）と「天眼」（霊視能力）とを組み合わせたものである。少しでも真実が明らかになればと思う。

二〇一三年　三月二十六日

幸福の科学グループ創始者兼総裁　大川隆法

遠隔透視 ネッシーは実在するか　目次

遠隔透視(えんかくとうし)　ネッシーは実在するか

――未確認生物の正体に迫(せま)る――

二〇一二年六月一日　収録

東京都・幸福の科学総合本部にて

「遠隔透視リーディング」とは、特定の場所に霊体の一部を飛ばし、その場の状況を視てくる能力である。さらに、著者の場合は、現在のみならず、過去・未来の時間をも指定して見通すことができる。いわゆる六大神通力の「神足通」と「天眼通」をミックスさせた、時空間をも超えた霊能力である。

遠隔透視（えんかくとうし） ネッシーは実在するか

——未確認生物の正体に迫（せま）る——

二〇一二年六月一日　収録

東京都・幸福の科学総合本部にて

質問者　※質問順

松本弘司（幸福の科学メディア文化事業局担当常務理事　兼　映画企画担当）

天雲菜穂（幸福の科学第一編集局長）

斎藤哲秀（幸福の科学指導研修担当専務理事）

［役職は収録時点のもの］

1 「ネッシー目撃」の歴史を振り返る

昭和時代、テレビを大いに賑わせた「ネッシー特番」

松本　本日のテーマは、「遠隔透視──ネッシーは実在するか──」です。天雲さん、ネス湖のネッシーはご存じですか。

天雲　はい。知っていますが、名前を聞いたことがあるぐらいですね。

松本　ああ、そのくらいですか。私たちの子供のころには、「○曜スペシャル」などのテレビ番組でよくやっていましたが（会場笑）、最近はあまりやっていませんからね。

天雲　そうですね。テレビではあまり拝見しません。

松本　そこで、今日は、ネス湖のネッシーについて詳しい〝専門家〟をお呼びしています（会場笑）。斎藤哲秀さんです。

斎藤　（苦笑）いつの間に〝専門家〟になったのでしょう。

天雲　よろしくお願いいたします。

斎藤　よろしくお願いします。

「謎(なぞ)の生物」の噂(うわさ)が絶えないネス湖とは、どんな湖か

松本　そもそも、ネス湖のネッシーをご存じない方も大勢いらっしゃるかもしれませんので、「ネッシーとは、いったい何なのか」ということについてお願いします。
まず、ネス湖は、どこにあるのですか。

斎藤　（会場モニターの地図を説明する）イギリスのスコットランド北部にあります（次ページ地図①）。
そして、このネス湖というのは、実は、スティック状で、とても細長いんですね。
地図をさらに拡大してみます（地図②）。

松本　ほう。この湖の大きさは、どのくらいなのですか。

地図①

イギリス全体図

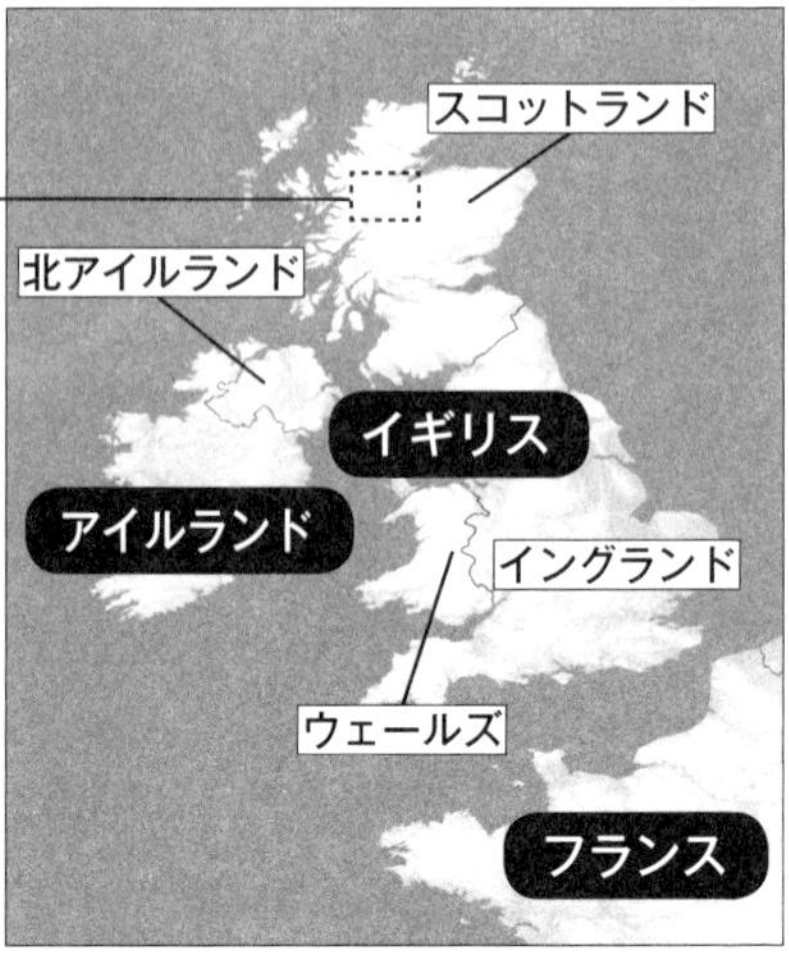

地図②

ネス湖周辺拡大図

ネス湖は、スコットランド北部地方にある細長い形をした湖。

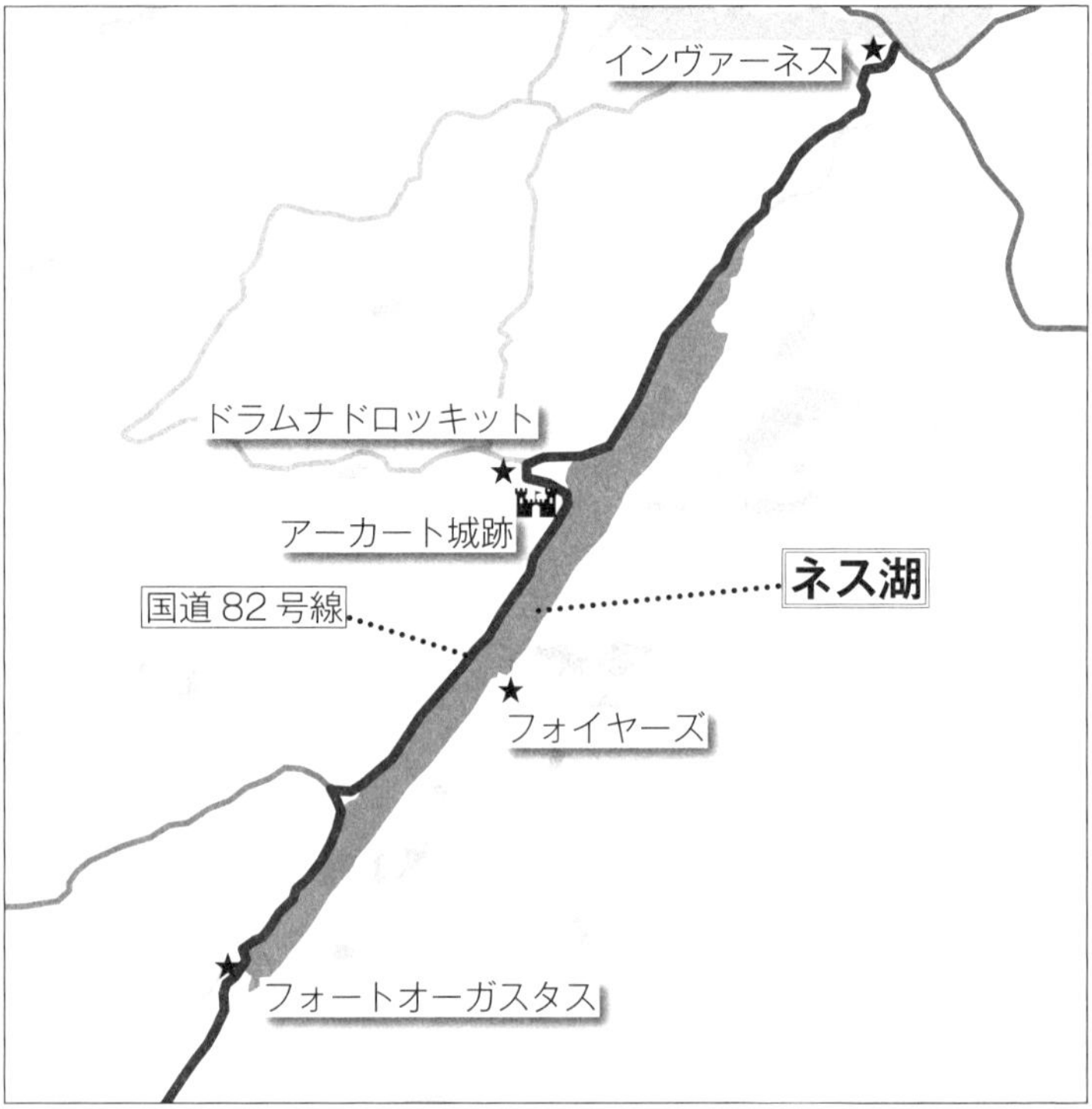

斎藤　ネス湖は五十六平方キロメートルです。

松本　さすが、詳しいですね（会場笑）。

斎藤　日本の湖と比較(ひかく)すると、幸福の科学の中部正心館(しょうしんかん)のある浜名湖(はまなこ)が、約六十五平方キロメートルです。

松本　浜名湖よりも小さいのですか。

斎藤　ネス湖は、浜名湖のような形の湖とは違(ちが)って細長く、面積は少し小さいぐらいなんですね。水深はけっこうあり、平均で百二十九メートルですが、最大で二百三十メートルあります。けっこう深いんですね。

大川隆法　なるほど。

斎藤　「日本でいちばん深い湖」と言われる田沢湖の最大水深が四百二十三メートルなので、それほどではありませんが、深いと言えば深いです（笑）（会場笑）。ただ、もし、ネッシーが棲んでいるとしたら、水温が関係するでしょう？

松本　はい。

斎藤　高緯度地域は寒いですから、普通は、湖水が固まって氷になってしまうのですが、ネス湖は不凍湖なので固まりません。平均水温五・五度を記録していまして、年間最高水温でも十二、三度なのです。

松本　ネス湖は凍らないのですか。なるほど。ということは、何かが棲もうとすれば棲めるわけですね。

斎藤　何かが棲むには、なんとかなる環境です（笑）（会場笑）。

最古の目撃談は『聖コロンバ伝』が記した五六五年の記録

松本　「ネッシーは恐竜のようなもの」というイメージがありますが、そもそも、いつごろから目撃されるようになったのですか。

斎藤　実は、ネッシーに関する最古の記録は、今から千四百五十年前と言われています。一九〇〇年代は非常に目撃談が多く、それらは、われわれが小さいころに放映されていたテレビの特番で見たようなものです。しかし、最古のものでは、六九

写真①　アーカート城跡付近

〇年ごろに記されたしる『聖コロンバ伝』のなかに、「五六五年の目撃情報」として、「謎なぞの水棲すいせい生物が人間を襲撃しゅうげきした」という記録が遺のこっています。

大川隆法　うーん。

松本　それが最古の記録ですか。

斎藤　最古の記録です。ですから、かなり古くからあるものなんですね。

そして、一九三三年ごろから目撃情報が多くなり、写真が出てきました。

写真②

それでは、説明だけではネス湖がどんな所かが分からないでしょうから、これからモニター画面で写真を見てみましょう。こちらがネス湖です（写真①）。アーカート城というお城が写っていますが、ここが目撃最多ポイントですね。

松本　ああ、きれいな所ですね。

斎藤　とてもきれいに見えます。次の写真も、とてもよい景色です（写真②）。今、「ネス湖のネッシーツアー」というものも行われているようです（笑）。

写真③

大川隆法　うん。

斎藤　ただ、次の写真をご覧いただきたいのですが、湖面は写っていても、水のなかは見えにくいんですね（写真③）。

松本　透明度が低いんですね。

斎藤　ええ。水に泥炭を含んでいるため、人間の目では、三メートルも先になると、ほとんど見えません。

松本　それは分かりにくいですね。

斎藤　ネッシーを目撃するとすれば、水上から体が出たときだけです。そうでなければ、目視で確認できない状況です。

松本　それで潜水艇などで探すことができないわけですか。

斎藤　そうなんです。一生懸命に探す人たちがいたのですが、視界が悪いものですから、水面上にちらっと姿を現したときに、「あ、いた！」と思って撮った写真ぐらいしかないわけです。

世界を騒(さわ)がせた「ネッシー写真」をチェックする

① 一九三四年、一大ブームを引き起こした「あの写真」はフェイク？

松本　ところで、ネッシー写真には、どんなものがあるのですか。

斎藤　それでは写真を見てみましょうか。

松本　あ！

大川隆法　ああ。

斎藤　これが有名な写真です（写真④）。

松本　これは、子供のころに見ました。

斎藤　これは、ものの本によく載っている写真ですね。会場のみなさんも見たことがありますよね？

松本　恐竜の首のようなかたちです。

斎藤　そうですね。これは、ロバート・ケネス・ウィルソンという人が撮った、通称「外科医の写真」として有名なものです。でも、本当は彼は婦人科医なんです（笑）。この方が一九三四年に写したモノクロ写真なんですけれども……。

本人は、「四枚連続の写真として撮り、これは、そのうちの一枚だった」と言っ

写真④（1934年撮影）

ていたのですが、実は、これは、真偽（しんぎ）のほどが問われていて、「フェイク（偽物（にせもの））だ」という説があります。

つまり、「当時の関係者の一人が、六十年後、死の間際（まぎわ）になって、『実は、模型の潜水艦（かん）の上に、ネッシーの首を付けて撮った』と告白した」という報道があったのです。ただ、情報筋から、グッと隠蔽（いんぺい）された可能性もあります。

大川隆法　ふーん。

斎藤　本当かもしれません。

松本　かもしれない？

斎藤　本当ではないかもしれません。

実は、この写真が撮られた一九三三年から一九三四年ごろに、ネス湖の近隣に近代的な道路（国道八十二号線）が開発されたため、この時期から、ネッシーらしき写真を撮る人が一気に増えています。

松本　なるほど。それまでは、人があまり来られなかったわけですね。

斎藤　来られなかったこともありますし、湖が森林で見えなかったんですね。それが、そのころ、写真機が普及し、初めて道路が開けたという状況が整ったために、目撃者や撮影写真が一気に増えているのです。

松本　どのようなものが？

2 湖面に浮かんだ「謎のこぶ写真」はネッシーの一部なのか

斎藤　撮られた写真がいろいろありますので、いくつか見ていきたいと思います。ネッシーの特徴の一つとして、「こぶがある」と言われています。モニター画面では分かりにくいとは思いますが、次の写真は、一九五〇年代に撮られたもので、ウミヘビのような、こぶのような、そういったものが何か写っています（写真⑤）。報告によれば、このように、ネッシーのこぶが二個、三個と見える例もあり、一個という例もあります。また、「頭部に一本の突起状のものがある」など、ネッシーの形状についての報告には、豊富なバリエーションがあります。

次の写真にいきます。これは、背ビレなのか、頭なのか……。頭にしては頭部らしきものがありませんね（笑）（会場笑）。これも、なかなかリアルな感じです（写真⑥）。一九三〇年、四〇年ごろの古い写真が遺されています。

次の写真にいきましょうか。これには、こぶがありますね（写真⑦）。

写真⑤
（1956年撮影）

写真⑥
（1934年撮影）

写真⑦
（1951年撮影）

写真⑧（1951年撮影）

松本　あ！　ピラミッドのようなこぶが三個ですか。

斎藤　ええ。これには、「『シーサーペント』と呼ばれるウミヘビ状のものだ」という説や、「恐竜的なものではないか」という説、未確認の哺乳類説など、さまざまな説があるのですが、特徴として、こぶがポコポコポコとあるように写っています。こういう写真もあります。

松本　なるほど。

斎藤　次の写真にいってみましょうか。これは、こぶが一個のもので、大きさとしては、五メートル、十メートル、十五メートルなど、さまざまな説があります（写真⑧）。ただ、比較できるものがないので、とにかく「大きい」ということですね。

大川隆法　ふーん。

3 二〇一〇年、カラーで撮影された最新の目撃写真

斎藤　次の写真は近年のものです。

松本　カラーですね。

斎藤　はい。「白黒からカラーになった」ということは、「最近のものだ」ということ

とです。これは、二〇一〇年十一月三十日に、イギリスのテレビ局であるSTV（スコティッシュ・テレビジョン）の番組で報道された、最新の目撃写真なんですね。先ほど申し上げたような三個の何かが写っています（写真⑨）。

大川隆法　うん、うん。

斎藤　ウミヘビ状なのか、恐竜なのか。このあたりが、なかなか分かりにくいところです。

写真⑨（2010年撮影）

4 ネッシーは恐竜プレシオサウルスの生き残り？

斎藤　次はイラストです。

松本　この恐竜のようなものは想像図ですか。

斎藤　はい。これは、中生代のプレシオサウルスという恐竜の想像図です（図解①）。このプレシオサウルスのように、「海棲爬虫類が生き残っているのかもしれない」という説もあります。

図解①　プレシオサウルス想像図

ヒレ足と短い尾、長い首があるのが特徴です。ただ、体長三メートルから五メートルと言われていて、それほど大きくはありません。

これから派生した白亜紀後期のエラスモサウルスというものがいます。体長十四メートルもあって、「これかもしれない」とも言われていますが、定かではありません。

5 一九七七年、トロール船が釣り上げた「ニューネッシー」

斎藤　それから、次の写真です。

松本　あ！　これは有名な写真ですね。

大川隆法　ああ、これですね。

斎藤　はい。これは、「ニューネッシー」と呼ばれ、有名です（写真⑩）。

写真⑩（1977年撮影）

松本　確か、日本の漁船が釣り上げたんですね。

斎藤　そうです。これは、一九七七年、ニュージーランド沖で、トロール船「瑞洋丸」がクレーンで引き上げたものです。

松本　頭があるように見えますね。

斎藤　そうでしょう？　ただ、有力なのは、ウバザメ説なんです。

松本　ウバザメですか。

斎藤　これについては論争が起きたのですが、そのときに、海棲哺乳類のレントゲン写真と比較して、「これは、クジラなどの骨格ではない」と分析されました。しかし、遺骸が腐敗してしまい、あまりにも臭かったために、海に捨ててしまったのです。

松本　ああ、惜しかったですね（会場笑）。

斎藤　捨ててしまったんですね。だから決定的な証拠が残らなかったのです。もったいないことをしました。

そのため、写真と骨格スケッチぐらいしか残りませんでした。あとは、体の一部から取った組織の繊維を少し持ち帰り、研究者たちが調べた結果、「ウバザメだ」

という説が広まったわけですね。

ただ、「重さは一・八トンほどあった」と言われていますので、非常に巨大なものでした。

松本　うーん。

斎藤　これは、ニュージーランド沖でのことであって、ネス湖とは違うのですが、このように、「もしかしたら、ネス湖には、プレシオサウルス的なものが生きているのかもしれない」とも言われています。

6 一九七五年、水中カメラが捉えた決定的写真？

斎藤　ところが、その話の信憑性がグッと高まった写真が撮影されました。次の写真をご覧ください（写真⑪）。

松本　お！　これは！

斎藤　この写真は、ネス湖の水中を撮影したものです。先ほど申し上げましたように、泥炭で濁(にご)って真っ黒になっているため、視界は三メートル程度しかなく、まったく見えない状態です。それにもかかわらず、なぜ撮れたかと言うと、実は、ソナー（音波探知機）とストロボスコープ式の水中カメラを使って撮ったからなのです。

はっきりとは写っていないのですが、長い首と四足(よつあし)のようなものが見えます。

写真⑪（1975年撮影）

松本　なるほど。

斎藤　これは、一九七五年に、アメリカのボストン応用科学アカデミーの調査隊が撮影したものです。胴体（どうたい）の長さについては、五・四メートルなどと言われていますが、後日、マサチューセッツ工科大学の海洋工学部の専門家たちも、「約六メートルの生き物がソナーの領域に飛び込（こ）んできたのではないか」と分析しています。

これは、この世の科学的見地に立っても、「今まで撮影されたネッシー写真のなかでは、実物を捉（とら）えた決定的瞬間（しゅんかん）のものではないか」と噂（うわさ）されています。

大川隆法　ふーん。

7 画面を横切る巨大（きょだい）な何かは「ネッシーのヒレ」か

斎藤　次の写真は、ヒレか尻尾（しっぽ）のようなものがアップで撮られたものです（写真⑫）。

「典型的なネッシー像が撮られた」ということで、「これは本物かどうか」といった反響が巻き起こっているわけですが、まだ結論は導き出されていません。

誰一人として解明できない「ネッシーの真相」に挑む

松本　要するに、この未確認生物は、いるのか、いないのか。いるとすれば、いったいどんなものか。なぜ見つからないのか。さまざまな憶測はありますが、「真相は、世界中の誰一人として分からないのが

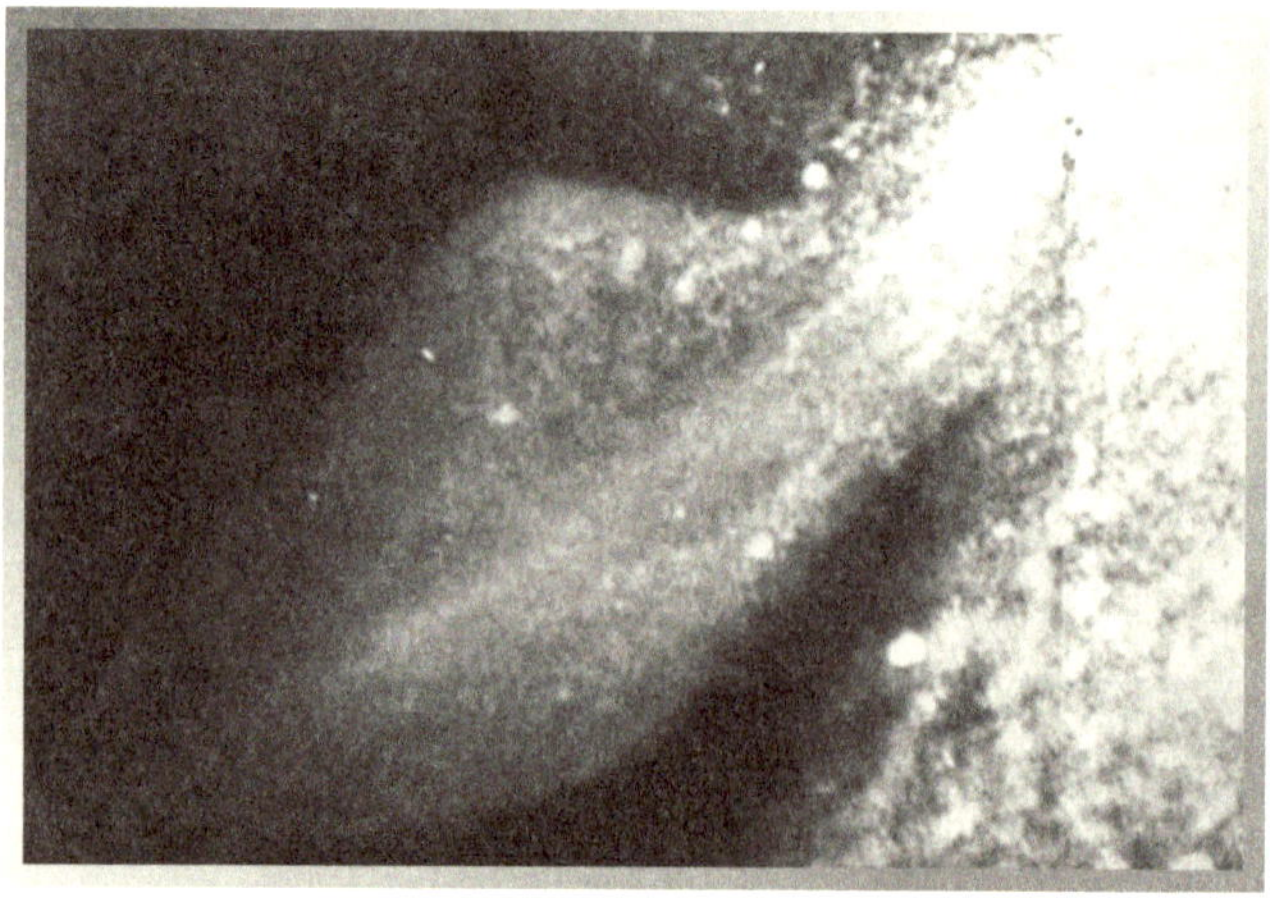

写真⑫（1972年撮影）

現状である」ということですね。

斎藤　そうなんです。はい。

松本　そこで、今日は、世界でただ一人、その真実に迫ることができる大川隆法総裁に、遠隔透視をお願いしたいと思っています。

斎藤　実は、大川隆法総裁は、ご著書の『不滅の法』（幸福の科学出版刊）のなかで、ネッシーについて言及されています。

大川隆法　そうだったかな（笑）（会場笑）。覚えていませんけれども……。

斎藤　そうですか（笑）。同書の百三十二ページには、「繰り返しますが、『恐竜を見た』『恐竜の写真がある』と言う人がいても、『自分が見ていないものは信じない』『その写真は、模型を浮かべて撮っただけだ』などと反論されたら、それまでです。しかし、ネス湖でネッシーが一頭捕獲され、さらに、『日本の湖やバイカル湖、太平洋でも恐竜が見つかった』ということになれば、もう否定のしようがなくなります」と書かれています。

大川隆法　そう書いてあったのですか。それは責任重大ですね。

松本　ええ、すみません。長い前置きになって申し訳ございませんでした。

大川隆法　いやいや。よく分かりました。みなさんも分かったと思います。

松本　それでは、さっそく、お願いいたします。

2 「ネス湖」の遠隔透視に挑戦する

各地に遺る「ドラゴン伝説」とネッシーとのかかわりは？

大川隆法　去年（二〇一一年）、「宇宙人の基地があるのではないか」と言われている、アメリカの「エリア51」の遠隔透視を行い、本も出版しました（『ネバダ州米軍基地「エリア51」の遠隔透視』〔幸福の科学出版刊〕参照）。

今回も珍しい企画であり、宗教に関心のある人以外も関心を持つことがあろうかと思います。「米軍基地の地下が透視できるならば、ネス湖が透視できないわけはなかろう」ということで、まだ試したことはないのですが、一度トライしてみようかと思っています。

九〇年代のことだったと思いますが、以前、「『ザ・リバティ』編集部に調査隊を組ませ、ネス湖のネッシーを探検させる」という企画を私がつくったところ、却下されたことがあります（会場笑）。「予算を使うだけで、どうせ、何もゲットできないで帰ってくる。夏休みに遊ばせて終わりになるだけだ」といった予算上の都合で、あっさりと却下されてしまったのです。

そのようなわけで、つかまえるのは難しいでしょうが、気にはなっています。

それから、霊界や宇宙人のリーディング等を行ってみると、恐竜や怪物に似たような姿をしたものも数多く出てくるので、やはり、過去にはそういう生き物もだいぶいたのではないかと思います。

今、「六千五百万年前に隕石が落ち、恐竜が絶滅した」という説が強いことは確かですが、そのすべてが絶滅したとは限らず、数が減ったとしても、生き残っている可能性はあるでしょう。

それから、イングランド、スコットランド系の地域では、昔からドラゴン伝説がそうとう遺っています。ドラゴン伝説は中国にもありますが、そういうものは、それほど昔の話ではないと思われますので、やはり、何かあるのでしょう。ネッシーが出てくる可能性はあります。

日本にも八岐大蛇伝説が遺っています。嘘か本当かは分かりませんが、伝承等で表現されているものを見れば、かなりの大きさですから、これもドラゴンであることは間違いないでしょう。

誇張があるかどうかは別として、そういうものを目撃した話が語られ、周りの人たちもそれを信じたという事実があったために、伝承として遺っているわけです。少なくとも二千年ぐらい前までには、そういうものが目撃されたことがあったのでしょう。

夜明けのネス湖を赤外線走査のように透視(とうし)する

大川隆法　そこで、今回、伝説の生物の遠隔透視(とうし)にトライしてみようと思います。いなかったら、あっさり終わってしまいますし（会場笑）、いたとしても、やはり簡単に終わってしまう可能性もあるので、〝空振(からぶ)り〟した場合のために、パート2として別企画を用意してはいるのですが、まずはここから入ってみようかと思います。

今、イギリスは、朝日が昇(のぼ)ってきたばかりの六時ごろの時間でしょうから、「何ものかが湖の上のほうにいれば見えるが、下のほうにいたら分からない」という状況(じょうきょう)かと思います。

ただ、私の〝目〟は、肉眼とは違い、赤外線で透視するように視(み)えるので、おそらく、それは関係ないだろうと思います。

さて、どうしましょうか。湖の大きさは何十キロもあるわけですね。どこかにポイントを絞(しぼ)ってフォーカスしましょうか。それとも、端(はし)から端まで、全部やりますか。

斎藤　（天雲に）それでは、モニターに地図を映してください（前掲(ぜんけい)16ページ〈地図②〉が映る）。

大川隆法　「このあたりを視てほしい」という希望がありましたら……。

松本　目撃ポイントなどですね。

大川隆法　はい。もし、つかまえることができたら、「ネッシーとの対話」も検討してみます。私は、動物とも話ができますので（会場どよめき）。

松本　あ！　それはすごい……。

大川隆法　ええ、おそらく。考えていることが読めるから、話もできるはずです。それをトレースして（たどって）、「いったい、どういう事情でそこに棲んでいるのか」を探れたらいいなあと思ってはいます。

松本　それは聞いてみたいですね。

3

遠隔透視①──「フォイヤーズ」

目撃多発ポイント「アーカート城」付近から「フォイヤーズ」へ

（モニター画面に前掲20ページ〈写真①〉が映る）

大川隆法　ここが、いちばん目撃の多い所ですか。

斎藤　はい。この目撃ポイントについてご紹介します。

大川隆法　お城のある所が目撃ポイントなのですね？

斎藤　はい。ここは、「アーカート城跡」と言いまして、ドラムナドロッキットから南東に数キロ離れた、ネス湖の西岸です。ここが目撃多発ポイントとなっております（地図③）。

大川隆法　なるほど、そのあたりですね。

斎藤　もう一点、湖のいちばん南のほうでも数多く目撃されております。

大川隆法　それでは、目撃が多発している所から透視しましょうか。お城の近くあたりから視てみますね。まず、可能性の高い所からいきます。

では……、（両手を前で組む）まあ、ここで恐竜の霊を呼んでもしかたがないですね（笑）。（組んだ手を外す）

地図③

ネス湖拡大図

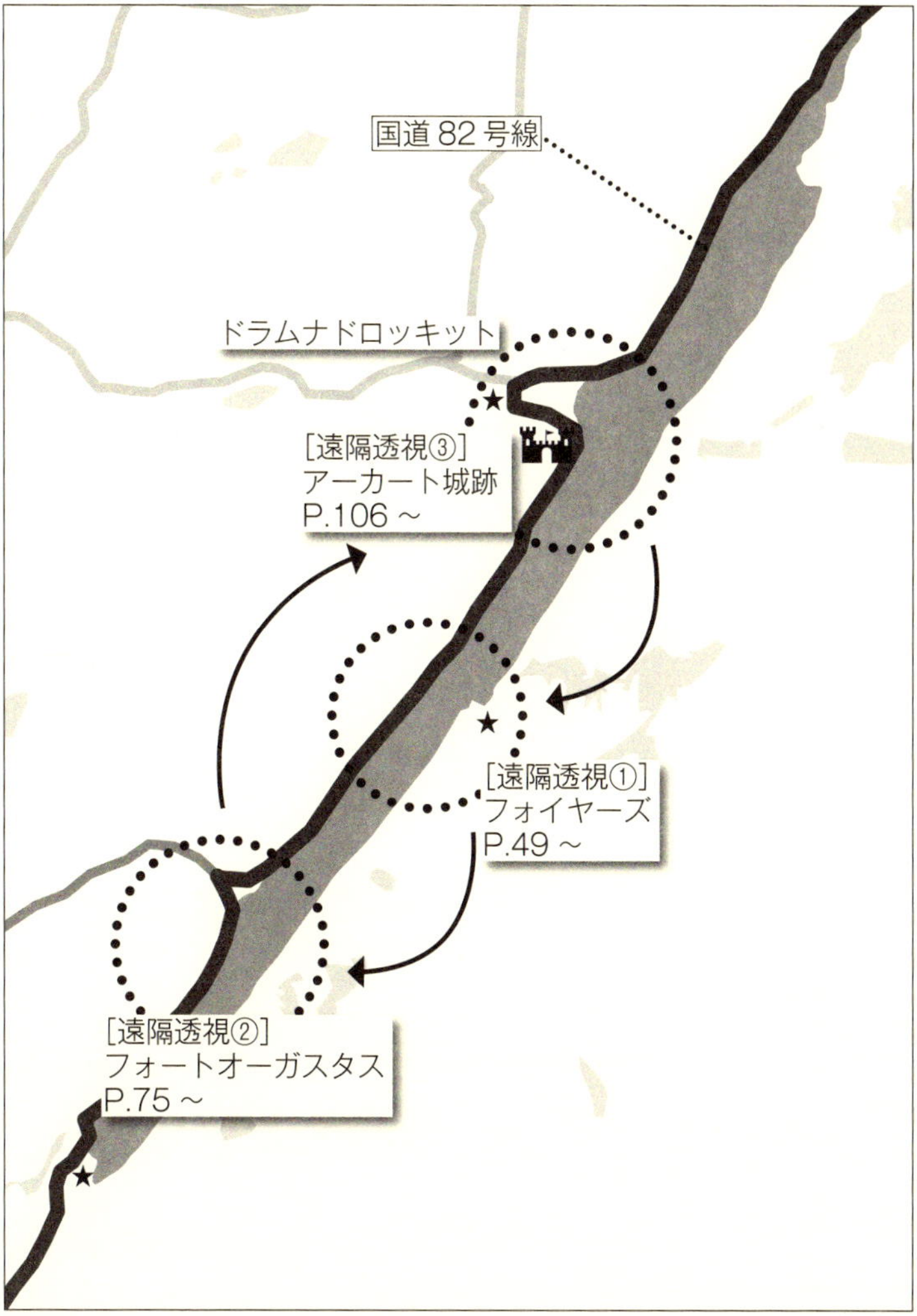
国道82号線
ドラムナドロッキット
[遠隔透視③]
アーカート城跡
P.106 ～
[遠隔透視①]
フォイヤーズ
P.49 ～
[遠隔透視②]
フォートオーガスタス
P.75 ～

ネス湖で伝説的に伝わっているネッシーなるものは実在するや否や？　それでは、「強力・遠隔透視」に入ります。これは、六大神通力の一つでもあります。透視できるかどうか、これから視てみたいと思います。

（両手を顔の前で組む）

では、ネス湖のなかで、ネッシーの目撃が最も多いポイントであるお城の跡の近辺から透視に入ります。

（約三十秒間の沈黙）

深いなあ。うーん。これは深い。

（約二十秒間の沈黙）

うーん。今、ここにはいませんね。少し移動しましょうか。次は南のほうですか。

斎藤　はい。南のほうのフォイヤーズという所です。

大川隆法　フォイヤーズ……。

斎藤　ここは、一九三三年に、ネッシーが初めて写真で撮（と）られた場所です。

私の〝目〟の上を「尾（お）ビレのある生き物」が泳いでいる

（額のあたりで右手をかざし、瞑目（めいもく）する。約十秒間の沈黙）

大川隆法　うーん。視えてきたぞ。

斎藤　え？

大川隆法　下から視えているんですよ。今、下から視えていて……。

斎藤　下からですか。

大川隆法　うん。生き物が、私の〝目〟の上を泳いでいます。体の後ろ半分のところを左右に揺(ゆ)さぶっているので、少なくとも生き物であることは確実ですね。

今、下から視えています。「下から視えている」というのは、どういうことでしょうか。確かに、視界は、あなたの言うとおり、そんなによくないですね。せいぜい数メートルです。

松本　大きさは、どのくらいでしょうか。

大川隆法　少し待ってくださいね。今、ちょうど、潜水艦（せんすいかん）の下に潜（もぐ）って見ているような感じに視えていて、後ろの尻尾（しっぽ）の下のあたりから揺れているのが視えます。

全体を見るから、少し待ってくださいね。今、ちょっと、左横のほうに回っていこうとしているところなんです。

左斜（なな）め下から、今、視ているところです。

いちばん後ろの部分は、やはり、これは……、うーん。なんか、魚の尻尾によく似たようなものに視えますね。

そして、今、そこから、ずっと追っていっているのですが、いちばん下というか、裏側のところは赤いです。

斎藤　はあ、赤色。

大川隆法　赤です。真下は赤で、その横が少し白いのです。赤の上は、白がちょっと続いていって……。

斎藤　縞模様ですか。

大川隆法　そして、その上が、深緑のような感じの色に変わってきていますね。

トビウオのような「背ビレ」と、縦の「尾ビレ」が視えてきた

大川隆法　ちょっと待って。今、また違うものが視えてきたぞ。

うーん……。今、背ビレのようなものが視えてきつつあるのですが、写真に写っているものとは違うんですよね。私に視えている背ビレは、写真に写っている、あのこぶのようなものではありません。こぶのようなものというよりは、どちらかというと、トビウオの背ビレみたいなもの？

松本　ああ、魚の背ビレのような……。

大川隆法　あのようなヒレなんですけれども、ビッと張りながら、尖（とが）っているような背ビレに視えますね。私には、そのように視えます。

松本　はい。

大川隆法　厚みは、そんなに厚くはないような気がするから、この背ビレだけを見れば、「サメなどの仲間か」と思うかもしれませんね。
背中は、そのように視えていて、後ろには、いちおう、マグロやフカなどの魚と同じような感じの縦のヒレが、今、視えています。

斎藤　縦ビレですか。

大川隆法　うん。後ろは縦のヒレで、背ビレは、トビウオのような、ああいう背ビレに視えています。下が赤、その上が白、それから深緑になってきて、上へ行くほど黒ずんでいき、その上に背ビレがあって、テントを張っているようなとんがりが少し視えます。
ここまで視ました。もう少し全体を視ます。

斎藤　はい。

体長八メートルの「サメの一種」のような姿

大川隆法　前のほうは、どうなっているかな？　前がどんな感じになっているか、今、前のほうに回り込もうとしているところです。ちょっと待ってくださいね。前のほうに、正面に、正面に、正面、正面、正面……。

今、正面に来ました。

正面から視ると、青みが少し入っているけれども、黒い感じかなあ。黒い感じですが、うーん、目が……。

天雲　どんな顔をしていますか。

大川隆法　顔ですよね。

天雲　はい。

大川隆法　今、顔を視ようとしているのですが……、目は二つですね。確かに、目は二つあります。目は二つありますが、うーん……。

（約十秒間の沈黙）

今、視えているものは……。姿的には、ジンベイザメかホオジロザメの仲間のような感じに、私には視えますね。

斎藤　サメの一種ですか。

大川隆法　目や口が、サメの一種のようなものに視えます。口は大きく、歯もあります。背ビレや、後ろの尻尾、それから、前から見ると、口、頭、目があって、その下には、確かに胸ビレが出ていますので、これだと、サメの一種の姿に視えますね。

斎藤　体長は、どのくらいでしょうか。

大川隆法　今、体長を測ってみますから、少し待ってくださいね。
体長は、どのくらいかなあ。体長は、どのくらいある？

（約十秒間の沈黙）

今、私が〝捕獲（ほかく）〟しているもの、「捕獲している」というのは、「ロックオンしている」ということですが、私がロックオンしているものの体長は八メートルぐらいです。

斎藤　八メートルというと、けっこう大きいですね。

大川隆法　たぶん、体長八メートルで、重さは、二、三トンぐらいあると思う。

松本　それは成体でしょうか。

大川隆法　うーん。いちおう成体のようですね。ただ、まだ最大ではないような気がします。

松本　そうですか。

大川隆法　もう少し模様などを視てみますけれども、今、視えてきているものは、頭から横のわき腹にくるあたりのところに、いっぱい白い斑点(はんてん)があります。白い斑点があるとすると、これは、ホオジロザメの特徴(とくちょう)に近いような気がしなくもありませんね。

天雲　お腹(なか)が赤くて、背中にいくほど、白から緑、黒のような色になるのでしょうか。

大川隆法　そうそう。色がちょっと違うようなので、これは、確かに海とは違った進化をしているのかもしれません。

ただ、形からすると、どうしても、サメに近い感じには視えますね。

サメとは違って「二本の長い〝触角〟」がある

大川隆法　でも、今、視えてきたものには、「サメにないもの」もあるような気がする。うーん……。〝触角〟のような長いものが付いているように視えるのです。ナマズなどにある、ひげみたいな〝触角〟があるように視えます。ここが、サメと違うところですね。

松本　長い〝触角〟ですか。

大川隆法　長いですね。これで、どのくらい……。

天雲　一本ですか、二本ですか。

大川隆法　二本ですね。

天雲　二本ですか。

大川隆法　二本、両側に出ています。

たぶん、視界が悪いために、洞穴(ほらあな)とか、岩場とか、いろいろな所へ行ったときに、この〝触角〟で距離(きょり)を測り、体が当たらないように探(さぐ)っているのではないでしょうか。そういうソナーの役割をしているのではないかと思われますね。

全体的には、ジンベイザメかホオジロザメのような形にも視えるけれども、頭の一部には、ナマズの〝触角〟のようなものがあります。これは淡水魚(たんすいぎょ)の特徴なのかもしれないので、種類としては、ずばりサメではなく、ちょっと別途(べっと)の進化をしている可能性が高いですね（次ページ図解②）。

図解②

斎藤　違う進化をした種族ですか。

大川隆法　ただ、サメの大きなものによく似た形に視えています。今、視えているものは、それです。

目撃されたものの全部が「これ」かどうかは、まだ分からないのですが、今は、一つ、これが視えています。全長八メートルぐらいです。

草食ではなく、クジラのように生き物を吸い込んで食べる

大川隆法　全長八メートルぐらいありますので、斎藤さんぐらいだったら、一口で呑めるでしょう（会場笑）。

斎藤　八メートルというのは、ものすごく大きいです。

大川隆法　大きいです。たぶん、一口で呑めると思います。

松本　歯はあるのでしょうか。

大川隆法　歯は、うーん……。天雲さん、ちょっと歯を見せてください。

天雲　はい。

大川隆法　ああ、きれいな歯ですねえ（会場笑）。もう少しギザギザしている感じですかね。

天雲　（笑）

大川隆法　こんなにきれいな歯並びはしていません。もう少しギザギザしています。

松本　ということは、ほかの魚や何かを獲って食べるのでしょうか。

大川隆法　まあ、いちおう、そうでしょうね。これは草食ではありません。

松本　草食ではないのですね。

大川隆法　草食ではないけれども、クジラなどと同じように、ガパーッと吸い込むように食べている感じはします。ガバーッと吸い込んで食べているような感じがするから、サメのようだけれども、クジラのような性質も少し入っているのかな？

松本　ああ。

大川隆法　ガボーッと吸い込む感じ？　水も一緒に入ってしまうのでしょうが、ガボーッと吸い込んで口を閉じ、シュッと水を吹いて、お腹のなかに生き物を取り込むのではないでしょうか。

斎藤　ジンベイザメっぽい感じですね。

大川隆法　たぶん、噛むのではなくて、ズボーッと吸い込むような感じに視えます。

斎藤　性格は、おとなしそうですか。それとも攻撃的でしょうか。

大川隆法　うーん。性格は意外におとなしくないですね。

斎藤　（笑）おとなしくないですか。

大川隆法　これは、意外におとなしくないと思われます。生き物と見たら、食べますね。

斎藤　ほう。

天雲　動きは早いですか。

大川隆法　湖の視界が悪いために、そんなに早く動く必要がないのだろうとは思います。「ゆっくり動いていても、襲（おそ）われる心配はそんなにない」と思って、ゆったたりと泳いでいるように視えます。今のところはね。

斎藤　一匹だけで、孤立しているのですか。

大川隆法　今、〝捕獲〟しているのは一匹ですけれども、このタイプだけかどうかは、まだ分からないです。ほかにもいるかもしれませんが、今、視ているのは、やや ナマズ的な特徴を備え、クジラみたいに呑み込む特徴も備えているけれども、サメに最も近いようなスタイルのものです。

背ビレが張っていて、胸ビレがあり、尾ビレは、いちおう魚のような〝尻尾〟になっています。ジンベイザメのようでもあるけれども、おとなしいものではなくて、「生き物だ」と思うと果敢に食べていく。要するに、視界が悪いのを利用して、生きているものであれば、水ごと吸い込んでいくような食べ方をしていますね。

浅い所を泳いでいるため、「黒い影（かげ）」が撮影（さつえい）される可能性も

天雲　そのロックオン、〝捕獲〟されているものは、今、何をしているところなのでしょうか。食事中とか、単に泳いでいるとか。

大川隆法　泳いでいますね。

天雲　泳いでいるのですね。

大川隆法　うん。泳いでいます。水深が五メートルぐらいの所だと思います。

天雲　けっこう浅い所まで……。

斎藤　けっこう上に上がってきているのですね。

大川隆法　うん。五メートルぐらいの所です。

斎藤　それで撮影(さつえい)される可能性があるのかもしれませんね。「触角のような突起(とっき)がある」という報告を、冒頭(ぼうとう)で紹介しましたけれども。

大川隆法　うん。まだ体の一部は水面に出ていないですね。水面には出ておらず、水深五メートルぐらいの所を泳いでいるので、何かが泳いでいることは、望遠レンズないしボートなどから見れば分かると思います。「黒い影(かげ)のようなものが泳いでいる」というのは、たぶん、水面から見えるはずです。

今は、一匹ですが、これだけかどうかは分からないです。

4　遠隔透視②――「フォートオーガスタス」

「長い首」と「ずんぐりした胴体」を持つ生き物が視える

斎藤　もう少し南に行きますと、アメリカのボストン応用科学アカデミーが水中写真を撮ったポイントがあります。

大川隆法　うん、うん。

斎藤　地図の下から三分の一ぐらいの所ですね（次ページ地図④）。ネス湖に川が注いでいる所の少し東です。

大川隆法　フォートオーガスタスの北のあたりですか。

斎藤　はい。そうですね。

地図④

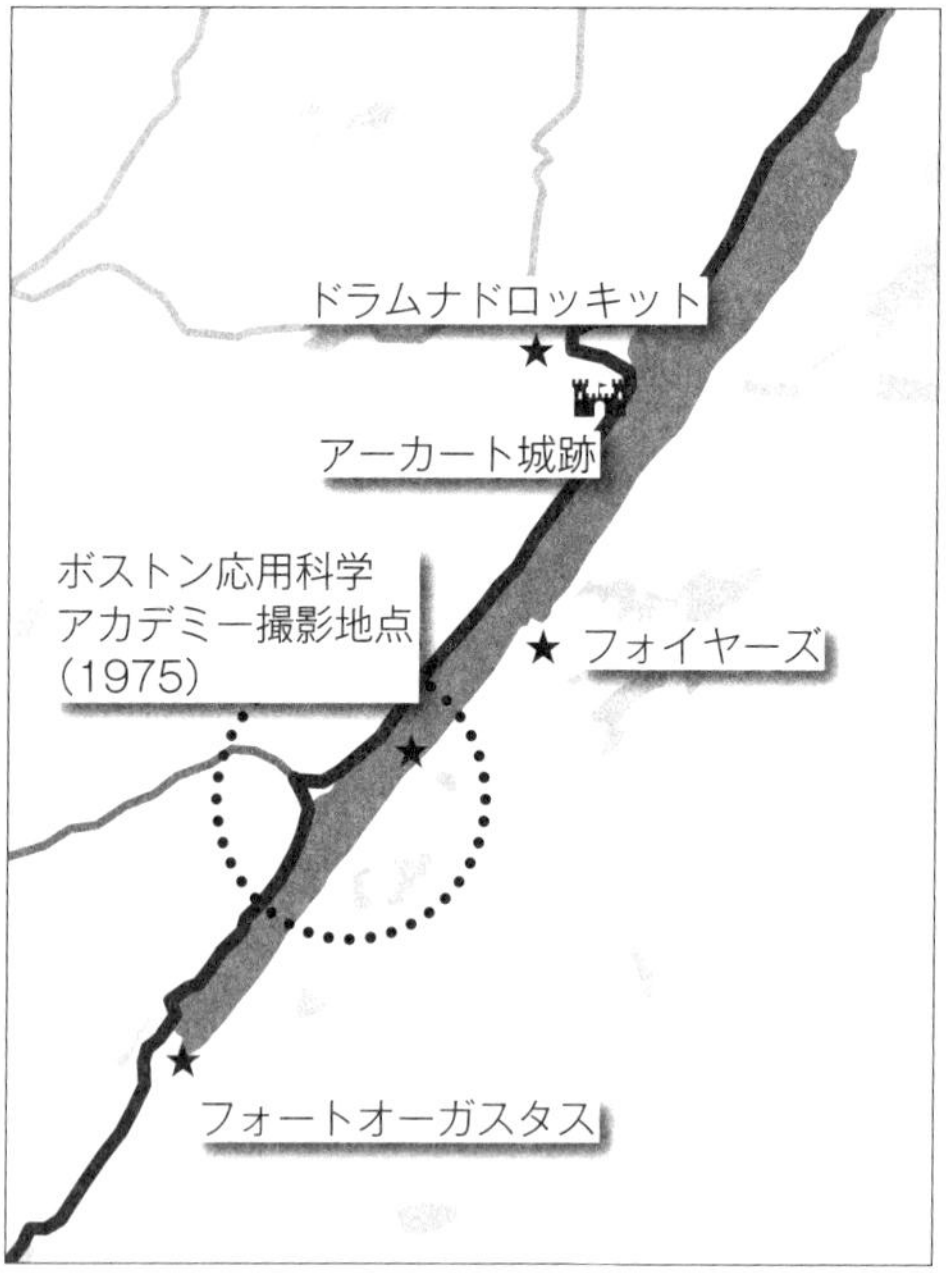

大川隆法　細長い湖の、かなり南のあたりですね。

斎藤　はい。そのあたりです。そのあたりが……。

大川隆法　多いのですか。

斎藤　先ほどの科学調査で発見された所です。

大川隆法　はい。分かりました。では、このへんを透視してみます。

（約二十秒間の沈黙）

今度は、長ーいものが視(み)えています。

松本　長いものですか。

大川隆法　これは首みたいに視えますね。何か長いものが視えています。今はまだ、影(かげ)のような感じなのですが、首みたいなものが伸(の)びている感じの影が視えています。これも、私は、水中の下から視ています。今回は、物体に向かって反対側、つまり、向こうが進んでくる側にいて、今、前のほうの斜(なな)め下から視ています。やはり、首のようなものがありますね。はっきりと首がある。これは首長……。

斎藤　首長系の形ですか。

大川隆法　首長だと思います。

斎藤　ヘビですか。

大川隆法　いや、違いますね。頭の下に「大きいもの」があるから、ヘビではありません。

松本　胴体があるのですか。

大川隆法　うん。胴体があります。だから、長いものは、明らかに首であって、全体ではありません。

松本　首と胴体があるのですね。

斎藤　何となく（笑）、〝何か〟のような……。

大川隆法　首は、本当に馬の首を下から視ているようで、それをもう少し長くしたような感じです。その先は、少しだけあごが張っている感じに、今、視えています。その首の向こうに、ずんぐりと塊のような姿が視えています。

松本　恐竜型でしょうか。

大川隆法　まるで、亀が付いているような感じです。

斎藤　ああ。

体長四、五メートルで、ゾウガメの甲羅のようなこぶが一つ

大川隆法　今、まだ視界が悪くて、影のように視えているのですが、長ーい首があり、何かずんぐりむっくりした大きな塊のようなものが後ろに付いていて、さらに、手足でなければヒレですが、それが四本出ているようには視えます。

もう少し視てみますね。本当に数メートル先しか視えないなあ。大きさを測らないといけないけれども、どのくらいあるか……。これは、ちょっと回り込まないと……。

今、横に回っているところです。今、向かって左側のほうに旋回して、横の姿を視ようとしているところです。

（約十秒間の沈黙）

これは、やはり、こぶが視えることは視えるので……。

松本　背中にですか。

大川隆法　うん。背中にこぶみたいなものを背負っています。これは何個ある……。大きなこぶは一つですね。大きなこぶは一つなので、今、視えてきている感じでは、全体の姿は、やはりゾウガメに似ているけれども、大きさが違うような気がします。

斎藤　ずんぐりした感じですか。

大川隆法　いや、首はゾウガメより、もっと長いです。

斎藤　ああ、首が長いのですね。

大川隆法　首が長いのと、このこぶみたいなものが、亀の甲羅（こうら）のようなものに視えますね。亀の甲羅のようで、亀の手足のような感じのヒレがあります。

斎藤　ヒレ足ですか。

大川隆法　うん。ヒレ足が出ています。亀は、ヒレではなくて指でしたかね？

斎藤　一般（いっぱん）に、亀は指ですが、ウミガメはヒレです。

松本　ウミガメは、そうです。

大川隆法　ああ、そう。ウミガメのヒレみたいなものが、前に二本、後ろに二本出ていて、さらに、甲羅みたいなものがあるけれども、その後ろには、やはり尻尾(しっぽ)が出ていますね。尻尾があります。

でも、これは、こぶが三つではなくて一つですね。こぶが一個しかない。長さはどのくらいあるかなあ。うーん。

（約十五秒間の沈黙）

これは、頭の先から、甲羅の後ろの尻尾の先まで、四、五メートルぐらいかな。

斎藤　四、五メートルですか。

大川隆法　そのくらいの大きさに視えます。

斎藤　やはり、プレシオサウルス的な大きさですね。

大川隆法　うーん。四、五メートルぐらいです。こぶは、三個に視えず、一個にしか視えないですが、もし、何匹か並んで泳いでいれば、そのように見えるかも……。

松本・斎藤　ああ。

大川隆法　こぶが何個かあるように見えるかもしれません。

斎藤　重なって見えるわけですね。

大川隆法　上へ浮いてきていた場合、何個か見える可能性はあります。これは、巨大ゾウガメのようなものではないかと思われます。いちばん近いのは、それだと思います。

亀に似た顔で、長い首を持ち上げると「ネッシー型」に見える

大川隆法　顔を、もう少しはっきり視てみます。うーん、亀にいちばん近いですね。でも、亀にしては首が長い。首がすごく長いです。

天雲　首の部分だけで、どのくらいありますか。

大川隆法　うん？　うーん。この首は、甲羅のなかに引っ込みません。普通の亀は、甲羅のなかに引っ込むでしょう？

斎藤　甲羅ではないのですか。

大川隆法　この首は甲羅のなかに引っ込まない。そんな短いものではありません。亀の首は短いけれども、この首は、もう少し長く出ていますね。比率としては、ちょうど、カタツムリの殻(から)から頭が出ているような長さなので、亀だとしたらスッと引っ込められない長さです。

首の部分は、どのくらいあるだろう……。首の部分は、たぶん、一・五メートルぐらいあるかな。そのくらいの長さですね。

松本　ほう。長いですね。

斎藤　一・五メートルの首というのは長いですね。

大川隆法　うん。一・五メートルぐらいの首が出ていて、顔は、確かに亀に似ています。頭を持ち上げたら、たぶん、いわゆるネッシー型に見えるでしょう。

斎藤　ああ、先ほどの写真のような……。

大川隆法　浮いてきたら、首が出て、こぶも、たぶん水面上に出ると思われますね。ゾウガメ型で、首がすごく長く、一・五メートルぐらいあって、背中は、いちおう甲羅ではないかと思われます。

斎藤　甲羅があるわけですね。

大川隆法　甲羅ではないかと思います。硬（かた）いものですね。

松本　甲羅は、どのような色ですか。

大川隆法　うーん。これは、ダークブラウンかな。こげ茶の濃(こ)いような色で、いちおう模様のようなものが視えています。

松本　模様ですか。

大川隆法　この模様は何て言うのかなあ。何か、「モザイク模様」のようなものがいっぱい入っていますね。

松本　そうですか。

ウミガメのような「ヒレ」と、トカゲのような「尻尾（しっぽ）」を持つ

大川隆法　今、ヒレが少し視えてきました。ヒレは、手まで発達していませんね。やはり、ウミガメに近いものです。

胴体は、どうでしょう。首が一・五メートルなので、胴体のこぶの部分というか、この甲羅の部分は、二・五メートルぐらいかなあ。

松本　二・五メートルですか。

大川隆法　首が一・五メートル、甲羅が二・五メートル、これで四メートル？

斎藤　四メートルですね。

大川隆法　それで、尻尾が一メートルぐらいです。

斎藤　尻尾は、ヘビのような感じのものでしょうか。

大川隆法　うん。トカゲの尻尾のような感じにも……。

斎藤　トカゲの尻尾のようなものですか。

大川隆法　そのような、妙な感じに視えますね。

斎藤　ヒレとかではないのですね。

大川隆法　ヒレではないですね。ヒレは後ろに二本あって、もう一つ、それ以外に尻尾があるから、この尻尾を曲げて上に出せば、クニャッとしたもののようには見えるかもしれません。大きさは、全長五メートルぐらいですね（図解③）。

「進化の系統樹」から分かれて独自に生き延びた亀の仲間

大川隆法　これは、けっこう長生きする生き物なのではないでしょうか。

斎藤　なるほど。

大川隆法　そうとう長いですよ、これは。

斎藤　亀の寿命は長くて、ゾウガメなどは二百年ぐらい生きるそうですね。

図解③

大川隆法　でも、先ほどの生き物とは違うものです。先ほどは、サメの仲間のように視えましたが、これは亀の仲間です。こぶや首が水面上に出たりすると、写真のような姿になるのかもしれません。目撃されているものとしては、これが最も可能性が高いかもしれませんね。

これは、亀としても、かなり大きいですよ。全長が五メートル前後ですから、そうとう大きな、巨大ゾウガメみたいなものが、もう一段、進化の系統樹から分かれて、ここだけで独自に生き延びた感じです。

これは、たぶん雑食性ですね。

斎藤　以前の宇宙人リーディングで、幸福実現党の○○幹事長（当時）は、「金星時代、巨大な亀のようなものだった」と言われていますが、そのかたちと、非常にそっくりな気がします（『多様なる創造の姿』〔宗教法人幸福の科学刊〕参照）。

大川隆法　ああ、顔は似ているでしょうかね（笑）。

斎藤　すみません、幹事長。ここは、カットしてください（笑）。

大川隆法　（笑）仲間から置いてけぼりにされたのかな。こんな所に置いていかれたら、それはさみしかろう。

百年単位の寿命を持ち、三十頭ほどの仲間がいる

大川隆法　もう少し探しますか。それとも、ロックオンしたもののなかに入りましょうか。

松本　そうですね。たぶん、これがネッシーと言われるものである可能性が高いでしょうから、ぜひ、お願いいたします。

大川隆法　では、生まれて始めてですが、「ネッシー・リーディング」に入ります（笑）（会場笑）。訊いてほしいことはありますか。

天雲　人間に目撃されたことはあるでしょうか。

大川隆法　あなたは、人間に目撃された……。うん？　「人間なんか、全然怖くない」と言っています。「何にもできやしない。ここは深いから、潜りさえすれば、もう捕まる心配もないし、襲われても、防備は完全なので、心配はないんだ」と言っていますね。

松本　巣というか、すまいのようなものはあるのですか。

大川隆法　巣はどうですか。「いちおう卵生(らんせい)だ。卵を産む」と言っていますね。どこに卵を産むのですか。うーん。「卵は岩場みたいな所に産む」と言っています。

松本　陸ですか。

大川隆法　「陸までは上がらないで産むんだ」と言っていますね。

斎藤　さみしくないのですか。

大川隆法　「さみしくないか」って？　「仲間は、いることはいる」と言っている。

斎藤　仲間は、何頭ぐらい、いるのでしょうか。

大川隆法　「全部、調査はできていないから分からないけれども、自分が出会った仲間、少なくとも自分が仲間と認識しているものは、三十匹ぐらいはいる」と言っています。

斎藤　三十頭ですか。

大川隆法　うん。「三十頭ぐらいはいる」と言っていますね。

松本　寿命(じゅみょう)は何年ぐらいか、分かりますか。

大川隆法　うーん。「寿命っていうのは、ちょっと分からないけれども……」。

要するに、「どのくらいで死ぬか」ということですよね。

松本　はい、そうです。

大川隆法　どのくらいで、生まれたり死んだりするのですか。それとも、食料事情のために、そんなに頻繁には産まないのでしょうか。（約十五秒間の沈黙）「寿命はずいぶん長い」と言っていますね。「すごく長い」と言っている。「あなたがたの尺度では、たぶん測れないぐらい長いだろう」と言っているので、非常に長く生きているみたいですね。

まあ、少なくとも、百年単位では生きているようです。そのくらい生きるのなら、あまり数が増えないようでないと、確かに、食料的には厳しいかもしれません。

「もっと大きな種類が、ほかにもいる」と語る〝ネッシー〟

斎藤　自分たちの種族以外で、例えば、高度な宇宙生命体などと接触(せっしょく)するようなことはないのですか。あるいは、古代に宇宙から来たものが生き延びてきて、進化した種なのでしょうか。

大川隆法　いや、「まだ、ほかにもいる」とは言っている。

斎藤　「ほかにいる」って、何がいるのですか。

大川隆法　うーん。ほかにも棲(す)んでいるようなことを言っています。

斎藤　「古代からの、ほかの種族がいる」ということですか。

大川隆法　うん。

天雲　ネス湖以外にもでしょうか。

大川隆法　いやいや。

斎藤　ネス湖にですね。

大川隆法　「ここに、まだ、ほかの種類もいる」と言っている。「自分たちは平和な〝民族〟だ」と言っていますね。「先ほどのやつには、ちょっと攻撃性(こうげき)があるけど、自分たちは平和な〝民族〟で、まだ、ちょっと違う種類のものがいる」というような言い方をしています。
宇宙人についての質問に関しては、十分に理解がいかないようですが。

斎藤　では、あなたより、もっと体の大きい種族はいますか。

大川隆法　自分より、もっと大きいものに会ったことはありますか。「いる」と言っている。

斎藤　いるのですね。

大川隆法　うん、うん。

斎藤　どのくらい大きかったですか。あなたの二倍ぐらい大きいですか。二倍というのは分かりますか。二頭を合わせたぐらいの……。

大川隆法　うん。「かなり大きいけれども、甲羅があるので、食べられることはない」と言っていますね。「防衛は万全（ばんぜん）だ。食べられることはない」と言っています。

斎藤　では、まだ、ほかにいろいろといるのですね？

大川隆法　「ほかの種類が、まだまだいる」と言っています。

さらに大きな種族を求めて「アーカート城」の近くに戻（もど）る

大川隆法　もう少し探しますか。

松本　はい。

斎藤　ぜひ、その大きい種族をご紹介(しょうかい)いただければと思います（笑）。

大川隆法　うーん。紹介ができるかどうか……（苦笑）。

斎藤　どのあたりにすみかがあるか、ポイントを教えていただければ幸いです。

大川隆法　その大きいものは、どのあたりにいますか。

斎藤　どこで会ったか、記憶(きおく)を取り戻(もど)して、ご誘導(ゆうどう)いただければ幸いです。

大川隆法　うん。「もう一回、さっきの城の所に戻れ」と言っています。

地図⑤

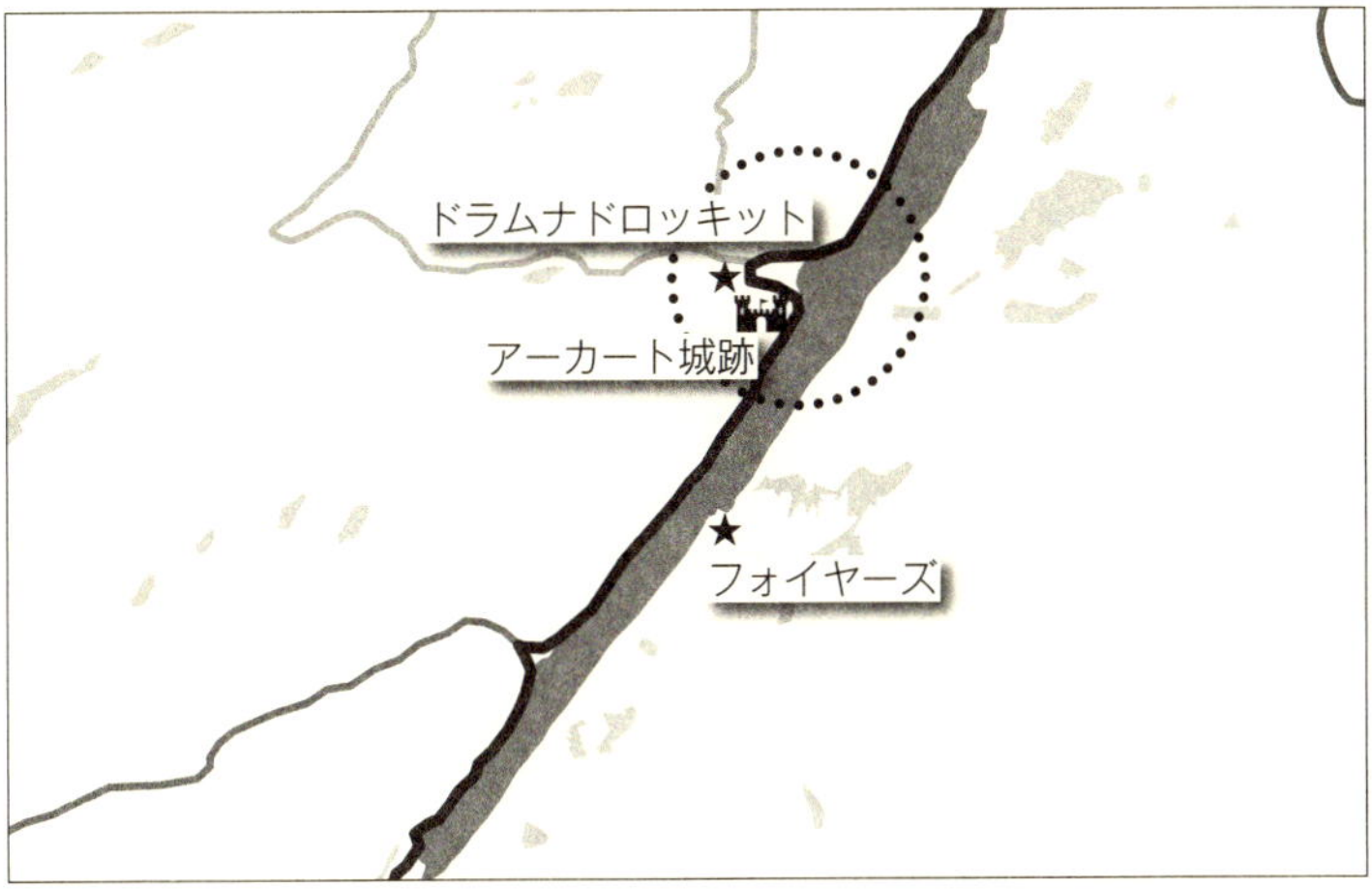

斎藤　はい。ドラムナドロッキット。アーカート城の近くですね（地図⑤）。

5　遠隔透視③――「アーカート城跡」

水中の洞穴に「明滅する光」が視える

大川隆法　先ほどは、生き物が見当たらなかったのですけれども、お城の跡のあたりに、何か、もっと大きな生き物が存在しているかどうか、あらためて遠隔透視をしたいと思います。

もうなんだか、〝人間人工衛星〟になってきている感じがします（笑）。キロ単位で、かなりの範囲を視ないといけない状況です。

どこか、生き物の反応がある所はありますかね。

それでは、あの（モニターを指す）お城の前あたりから潜りましょうか。そのへんから、少し潜ってみます。

（約二十秒間の沈黙）

少し北のほうかな。少ーし北のほうに移動して……。
うーん。うん？　あ、ちょっと視えたな。ちょっと待てよ。
確かに、視界が悪いですね。もう少し近づかないといけません。
今、水深百三十メートルあたりの所にいるのですけれども……。
うーん。何か洞穴のようなものがありますね。ここに洞穴があります。

斎藤　洞穴ですか。

大川隆法　底のほうだと思うのですが、何か洞穴のようなものがありますね。

もしかしたら、このへんに巣があるのかな。

少し入ってみます。

うーん。外から視た洞穴の入り口は、それほど大きなものではありません。直径五メートル程度のもので、これが続いているのですが、なぜ、前方に光のようなものが視えるのでしょうか。

斎藤　光ですか。

大川隆法　洞穴の先の方に、チカチカしている光のようなものが視えるんですよ。なぜでしょうか。もう少し進んでみます。

なぜ、これが視えるんだ？　どこかから太陽光線が射し込んでくるのかなあ。

先ほどから、何かがチカチカと光っているのです。なぜでしょうか。

いちおう、何か岩盤のような、大きな塊があることはあります。それに横穴が開(あ)いています。その一つから、今、入っているのですが、進んでいくうちに、先のほうから光のようなものが視えるのです。これを、今、少し不思議に思っているわけです（図解④）。

　上から何か射し込んでくるのでしょうか。もしかしたら、この洞穴の上がどこかに続いていて、光が入るのかもしれません。ただ、何か、チカチカとまぶしいので、もう少し奥(おく)まで覗(のぞ)いてみなければならないでしょう。

図解④

これは、何なのでしょう。何が、チカチカしているのでしょうか。

洞穴の奥に発見された「ＵＦＯ」と「水底基地」

斎藤　それは、太陽光線でしょうか。

大川隆法　いや、どうやら、自分で発光しているようです。

斎藤　発光ですか。

大川隆法　自分で発光しているような感じがしますね。もう少し、フォーカスしてみましょう。いったい何が光っているんだ？

今、洞窟の天井が見えています。天井際を通って近づいてみましょう。

いや、やはり光っていますね。チカチカ、チカチカと光っています。何なのでしょうか。

まさか、アクアラングを着けて人間が潜っているわけでもないでしょうから、そのサーチライトの光ではないと思います。

斎藤　チョウチンアンコウのような弱い光ではないのでしょうか。

大川隆法　いちおう、それも考えてはみたんですけれども……。

うーん、ちょっと待てよ。

これは何なんだ？　この光は何なんだ？


（約十五秒間の沈黙）

うーん。これは、ＵＦＯと違(ちが)うのかなあ。

松本　ええ?

斎藤　ＵＦＯですか?
そうなると、やはり、何か、未確認生命体との関係があるのかもしれません。

大川隆法　ＵＦＯのようなものが、ここに基地をつくっていますね。ＵＦＯのようなものがあるように視えます。ここのライトからの光でしょう。生き物の光にしては、おかしいと思います。

斎藤　そうですね。チョウチンアンコウなどの生き物では、発光のレベルが低すぎると思います。

大川隆法　確かに、発光していますからね。

ここは、ちょうど隠れ場としてよいのでしょうか。水底基地ですかね。

斎藤　水底基地を発見されたわけでしょうか。

大川隆法　どうやら、それがあるようですね。

天雲　ということは、洞穴の奥は広くなっている感じでしょうか。

大川隆法　うーん。それは、もう少し入ってみないと分かりません。

今、ライトを見つけたのですが、それは、おそらく、ＵＦＯの周りに付いているものの一つでしょう。

それが見つかったわけです。

どうやら、ＵＦＯのようなものがありますね。間違いなくあります。

ということは、まだ、そこから下に基地があるということでしょう。水中の地下に空洞があって、そこに基地をつくっているはずです。

確かに、このあたりは見つかりにくい所かもしれません。

「恐竜（きょうりゅう）の形をした潜水艇（せんすいてい）」の存在を確認

大川隆法　はたして、これとネッシーとは、何か関係があるのでしょうか。

（透視を進めながら）どうですか。何か、関係がありますか。

（約五秒間の沈黙）

うーん。もう一つ、生き物ではないものがありますね。

斎藤　ええ？　生き物ではないものですか。

大川隆法　ええ。生き物ではなく、もう一つ、乗り物があるようです。人間世界にあるもので言えば、〝潜水艦（せんすいかん）の仲間〟のようなものを持っていますね。

斎藤　え？　潜水艦を持っているのですか。

大川隆法　潜水艦のようなものです。

つまり、ＵＦＯはあるのですが、ＵＦＯ自体で出入りするのではなくて……。

斎藤　潜水艇のようなものが……。

大川隆法　うん。基地から外へ出ていくときに使う乗り物があるわけです。

斎藤　なるほど。

大川隆法　なかに基地があるので、そこから出るための乗り物があり、その乗り物を、恐竜に見えるようにつくっています。

そういうものが存在していますね。これは、潜水艇には見えないような外見につくったものです。

斎藤　なるほど。伝説のなかに埋もれさせていく作戦ですね。

大川隆法　そうです。これは、そういうふうに見えるようにしています。

潜水艇(せんすいてい)の持ち主は「ネッシー伝説」を利用している

大川隆法　こぶがついていて、いちおう、ネッシーに見えるような乗り物です。そういう恐竜のように見える乗り物があるのですが、これは、彼らが地上に出てくるときに使うものです。要するに、空を飛ぶときにはＵＦＯを使うのですけれども、空を飛ぶためではなく、湖から出てきて、内陸部に上がっていくための乗り物があるわけです。

天雲　それでは、先ほどの巨大(きょだい)なゾウガメのような生き物に似た……。

大川隆法　いや、これは、意外なほど、いわゆる想像図のネッシーに似せてつくっ

図解⑤

てありますね（図解⑤）。

斎藤　それでは、かなり巨大なものですね。

大川隆法　おそらく、なかに乗れる人数は、それほど多くはないとは思います。ただ、五人ぐらいは乗れるのではないでしょうか。

これは、「ネッシー伝説」を利用して、恐竜に似せた乗り物をつくっていますね。

なるほど。こういう乗り物があ

るので、この〝巣〟のような所から出てこられるわけですね。

これは、先ほどの〝ゾウガメさん〟からも、「大きなもの」に見えるかもしれません。

要するに、人間に目撃されたとしても、恐竜に見えるような外見につくってあります。

ただ、外側のボディー部分とは違い、本質は、小型潜水艇です。長さは……、十メートルぐらいのものでしょうか（図解⑥）。

図解⑥

斎藤　ちょうど、目撃情報と一致する大きさですね。

大川隆法　ええ。十メートルぐらいのものです。

万一、見つかったときには、ネッシーに思われるようなかたちに、外側のボディーをつくってあります。

6 「ネッシー伝説」に潜む者の正体

「伝説の小人」のような宇宙人が現れる

斎藤　このUFOを所有する宇宙人は、今までの宇宙人リーディングに登場した種族とは、違った目的を持った方々なのでしょうか。
あるいは、地球に好意的な方々であるのかどうか等、何か分かりますでしょうか。

大川隆法　そのためには、宇宙人を発見しなくてはいけませんね。少し待ってください。

斎藤　はい。

大川隆法　ＵＦＯの主（あるじ）がいるはずです。主よ、出てきなさい。

ええ、出てきた主は……。

（約十秒間の沈黙（ちんもく））

頭はツルツルなのですが、頬（ほお）から胸にかけて、ひげ代わりに、何かがたくさん生えています。これは、何なのでしょう。たくさん生えているものがあるのですが、何と言うべきでしょうか。

松本　触手（しょくしゅ）のようなものですか。

大川隆法　ああ、そのようなものかもしれません。触手か何か、そのようなものでしょう。

上はツルツルなのですが、途中から触手のようなものが周りにたくさん生えているという変な顔をしています。（松本に）あなたに似ているかもしれません（会場笑）。

いちおう、人類型生物であることは間違いないのですが、宇宙人ではありますね。潜水服のような、宇宙服のような、そういうスーツを着ています。

首から下の姿については、はっきりとは分かりませんけれども、手と足があるような感じはしますね。

それほど大きくはないと思います。どのくらいかと言えば、せいぜい一・五メートルぐらいではないでしょうか。

もしかしたら、これが「ホビット」などの小人の原型ではないですか。

スコットランドには「小人伝説」がありますが、それと少し似ているように思い

ます。

頭の格好は、今言ったような感じでツルツルで、ひげ代わりに触手のようなものが生えているわけです。だから、これは、「ひげが生えていて、頭の禿(は)げたおじいさん」のような感じに見えるかもしれません（図解⑦）。

斎藤　ははあ。ひげの生えたおじいさんですか。

大川隆法　そして、耳が少し尖(とが)っているのです。

斎藤　耳が尖った妖精(ようせい)のように見えるわけですね。

大川隆法　これは、ホビットの原型でしょう。おそらく、小人伝説の背景にはホビット型の宇宙人がいると思われますので、かなり昔から来ているのではないでしょ

図解⑦

うか。

彼らが地上に出てきて、森の中や町の近くで目撃(もくげき)されていたのでしょう。たぶん、地上でも、何らかの行動を取っているはずです。もしかしたら、見つからないような所に、何か小屋のようなものをつくるなど、いろいろなことをしている可能性はありますね。

しかし、それを見ても、たいていの人は、「ホビットだ」と思うわけです。ここは僻地(へきち)なので、目撃者が非常に少ない上に、目撃したとしても、宇宙人とは思わず、「小人を見た」という感じで報告をすると思われますね。

おそらく、小人伝説のもとは、ここに来ている宇宙人でしょう。

「調査隊として地球に来た」と主張する宇宙人

大川隆法　ということは、これは、どういうことになるのでしょうか。

（宇宙人に対して）結局、どういうことなのですか。

（約五秒間の沈黙）

「調査隊だ」と言っていますね。

斎藤　調査隊ですか。

大川隆法　ええ。「調査に来ているんだ」と言っています。「イギリスという国に関心を持って、調査をしている。いちばん発見されにくいあたりの所に基地を置いてやっているけれども、やはり、スコットランド地方では、よく目撃されている」という言い方をしています。

斎藤　ペルーのチチカカ湖の周辺などでも、よく、ＵＦＯが目撃されているようですが、湖に潜んでいると見つかりにくいのでしょうか。
それとも、水が好きな、水棲系の宇宙人なのでしょうか。

大川隆法　うーん。「体が大きくないので、地上だけで生きていく場合、やはり、命の危険がある」とは言っていますね。
「野生の動物や、あるいは、人間等から危害を加えられる恐れがあるので、いちおう、安心して住めるのは、絶対に攻撃されない所だ。そういう所であれば安心して住める」と言っています。

松本　なぜ、イギリスに関心があるのでしょうか。

大川隆法　（宇宙人に）なぜですか。

（約五秒間の沈黙）

「（イギリスは）近代においても非常に発展したけれども、もう一つ前の文明のときには、グリーンランドが緑豊かな土地で、穀物がたくさん取れた時代があった。そのころの文明の中心地は、グリーンランドからスコットランド、イングランドあたりだった。こちらのほうが中心的に発展していた時代に、数多くの仲間が（地球に）来ていたわけで、もう一つ前の文明のときから縁はあるんだ」と言っています。

斎藤　以前、アガシャーの霊言に、「アトランティスの時代には、グリーンランドは緑豊かだった」という内容がありました（『アトランティス文明の真相――大導師トス　アガシャー大王　公開霊言――』〔幸福の科学出版刊〕参照）。

大川隆法　ああ、そうかもしれませんけれども、「グリーンランドが緑豊かな時代から来ている」と言っていますね。

斎藤　地球人とのコミュニケーションを完全に断って、独自に調査をされているのでしょうか。それとも、過去には、誰かとコンタクトを取ったりしたことはあったのでしょうか。

（約十秒間の沈黙）

大川隆法　「性格的には、非常に慎重で臆病なのだ。それに加えて、やはり、『（地球の）文明に直接的な影響を与えないように』という命令を受けている。
　例えば、『小人だとか、妖怪だとか、恐竜だとか、そういう伝説や迷信のなかに潜むことは構わないのだけれども、直接的な介入に当たるようなことはしないように』とは、（地球に）来る前に、しっかりと言われている。

直接的な影響は与えずに、交代しながら調査を続けているので、それは、あなたがたが南極調査隊を送ったりするのと、気持ち的には一緒だ」というようなことを言っていますね。

「ミステリーサークル」出現とのかかわり

斎藤　今回の遠隔透視では、ネス湖に、二種類の未知の生命体が発見されました。それだけの科学力を持っている場合、それらの生物に遺伝子操作を施して長生きさせることなども可能だと思われます。自分たちの隠れ蓑とするために、科学的な力を用いて、何かしたりしているのでしょうか。

未知の生物との関係について、お訊きしたいと思います。

（約五秒間の沈黙）

大川隆法　「そちらのほうには、それほど大きな直接的影響は与えていない。けれども、円盤（えんばん）の着陸の跡（あと）をつくることを、昔から、ときどきやってはいる」と言っています。

天雲　ミステリーサークル（穀物畑等に突然出現する幾何学（きかがく）的な図形）でしょうか。

大川隆法　そうそう。「ミステリーサークルは、ときどき、つくった」と言っています。

斎藤　ミステリーサークルは、イギリスに、多数、出現しています。英語では、クロップサークルと呼ばれるものですね（写真⑬）。

ミステリーサークル（クロップサークル）

写真⑬

ミステリーサークルにはさまざまな形状がある。
〈写真上〉2001 年 8 月、イギリス南部に出現した直径約 240 メートルのサークル。出現前夜には激しい雨が降った。

〈写真下〉1996 年 7 月、イギリス南部に出現した全長約 300 メートルのサークル。

大川隆法　「『宇宙から人が来ている』という印や痕跡(こんせき)を残すことによって、それを人類に意識させるようなことは、昔からやっている。最近は、特に多い」と言っています。

斎藤　確かに、ストーンヘンジあたりに、たくさん出ています。

大川隆法　「だから、宇宙について、関心を持ってもらいたいとは思っている」と。

松本　関心を持ってもらいたいわけですね。

大川隆法　「だけど、文明が一定のレベルまで行かないかぎり、まともに交流ができないので、直接交流まではしないところで関心を持たせつつ、人類の発達を促(うなが)している。

例えば、星とか、あるいは、未知なる世界とかに関心を持たせるようにはしているのだが、われわれは、あくまでも神話や伝説のなかに身を潜めていなくてはいけない存在なのだ」と言っていますね。

古代の信仰や神話、伝説に宇宙人がもたらした影響

天雲　ストーンヘンジ（巨石群が並んだ謎の古代遺跡）などにも関係はあるのですか（次ページ写真⑭）。

大川隆法　「昔、われわれの先祖が来たときに、それを崇めるためにやっていた儀式等があったと思うが、空から見えるようなものをつくろうとしたのだろう。天空神信仰のようなものが古代からあった」ということを言っています。

そして、「あなたがたは、あまりよく知らないだろうけれども、スコットランド系の伝説や神話のなかには、宇宙人が、かなり紛れて入っている。あなたがたの歴史に遺っていない時代の神々のなかにも、一部、紛れ込んでいる」と言っています。

斎藤　神々のなかにも紛れ込んでいるのですか。

大川隆法　そうそう。「たぶん、北欧やスコットランド、イングランド、アイルランドあたりの神話などについては、あまり知らないだろうけれども、そのなかに紛れている者もいる」と

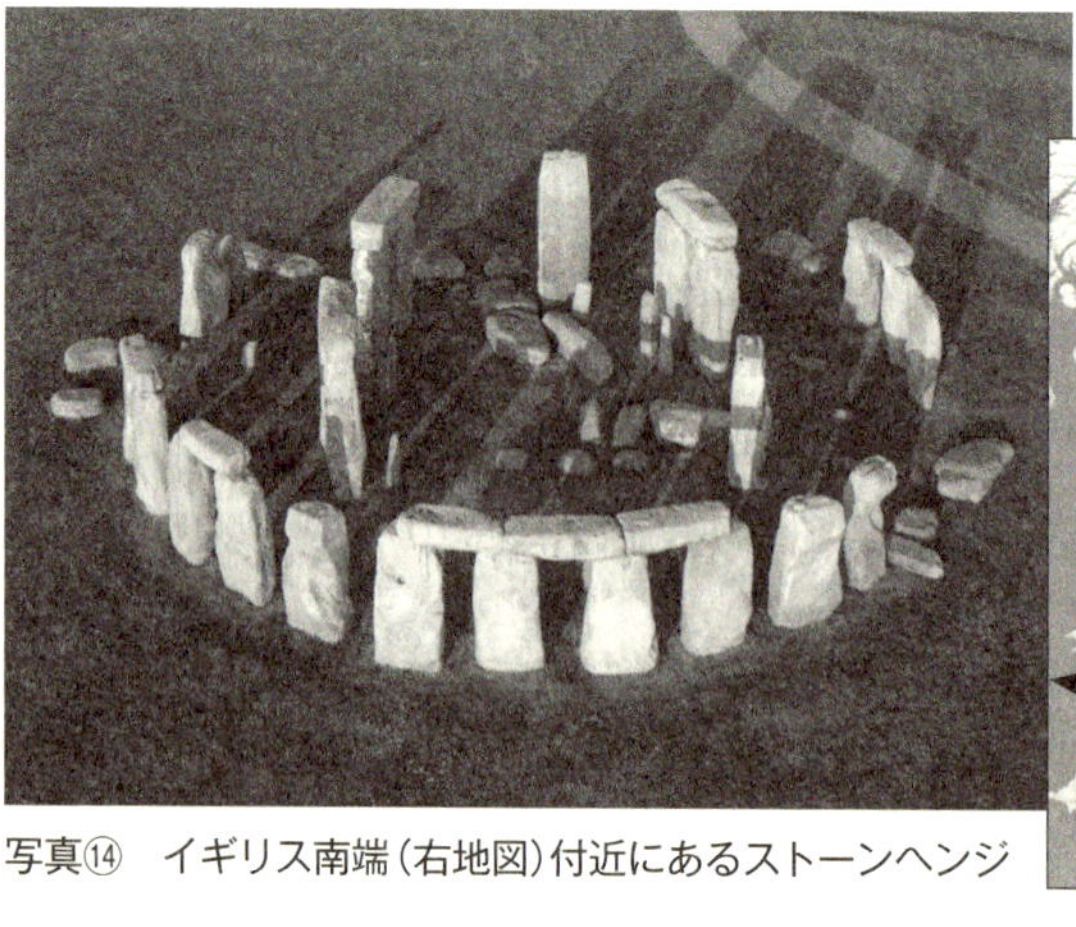

写真⑭　イギリス南端（右地図）付近にあるストーンヘンジ

言っていますね。

直前にいたのは「火星の中継基地」

天雲　もともとは、どちらの星から、いらっしゃったのですか。

大川隆法　（宇宙人に）もともとの星は、どちらですか。

（約十秒間の沈黙）

「直前は火星だ」と言っています。

斎藤　火星？

天雲　火星。

大川隆法　「だけど、火星は、ずっと長くいたわけではなくて、直前の前線基地だ」と。

斎藤　ああ、火星の前線基地にいたわけですか。

大川隆法　「直前は火星だけれども、それは、地球にアクセスする場合の中継基地の一つとして使っているものだ。今は、環境的に、地球のほうがずっといいのだが、人間に見つからないように、中継基地として火星を使っていたので、直前は火星人だ。頭がツルツルで、たくさんの〝触手〟が出ている姿は、火星人の種類の一つである。だけど、人間には、小人の老人に見えるのだ」と言っています。

「ストーンサークル」の出現にはかかわったのか

斎藤　ストーンサークル（環状の列石）に使われている何十トンもあるような巨石の移動についてですが、例えば、反重力など、発達した宇宙科学の力を用いて、人間に協力したりしたことはあるのでしょうか。

それとも、あれらの巨石は全部、人間の力で積み上げたのでしょうか。

大川隆法　「人間の力だ」と言っています。

斎藤　何か、宇宙の科学技術を使ったわけではないのですね。

大川隆法　「あれは、人間の力でやれるのだ。いわゆる、基本的な力学の法則であって、梃子（てこ）とコロを使うほか、大勢の人がロープで石を引っ張り上げたり、あるいは、いったん、盛り上げた土の上に石を置いてから、その土の片側を掘（ほ）っていって立たせたりするなど、いろいろなやり方はある。人間たちがやったものであって、宇宙人の力でやったものではない」と言っていますね。

今も続いているらしい火星の前線基地との連絡（れんらく）

斎藤　火星には、今も仲間がいらっしゃるのですか。

大川隆法　「いる」

斎藤　その仲間は、定期的に、地球を観察しに来られたりしているのですか。あなた様は、ずっと前線基地から派遣（はけん）されたままで、火星に帰ったりされないのでしょうか。

大川隆法　「する」と言っています。「毎晩とまでは言わないけれども、やはり、週に二、三回ぐらいは外に出ている」と言っていますね。

松本　「外」というのは？

大川隆法　「空だ」

松本　空ですか。

斎藤　（松本に）何か、ご縁があるかもしれませんね（笑）。

松本　（笑）

大川隆法　あなたの「ご先祖」か、「ご子孫」かは知りませんけれども。さすがに、「ご子孫」ということはないでしょうかね（注。松本は、以前の宇宙人リーディングで、かつて火星人として存在していたことが判明している。『宇宙人リーディング』〔幸福の科学出版刊〕参照）。

松本　（笑）いえいえ。

北欧（ほくおう）あたりには「巨人（きょじん）型宇宙人」もいる？

松本　先ほど、「命令を受けて来た」とおっしゃっていましたが、命令されているのは、どういう立場の方なのでしょうか。

大川隆法　「いちおう、コマンダー（司令官）がいる。もちろん、ここだけではないのだが、こういう秘境あたりに基地を置くタイプの宇宙人には、非常に神経質で繊細なタイプが多い。もう少し自分たちに自信のあるタイプであれば、人間に対して、もう一段、直接的に接触できるような所に出ていくのだけれども、われわれのような火星人は、地球人よりも、やはり体力的に劣るのだ」と言っています。

「だから、直接的な接触は、あまり好きではない。小人と同じで、巨人とぶつかるような感じになるから、それは避けたい気持ちがあるのだ。

いちおう、コマンダーがいる。それぞれの国を担当する司令官のような者がいるけれども、特に、北欧からイングランド系には、かなり昔から小人伝説などがあるように、われわれが多いことは事実だ。

だけど、スカンジナビアのほうへ行くと、巨人伝説もあって、大きいタイプもいる。やはり、宇宙人同士であっても、いちおう、好き嫌いがないわけではなく、でかいやつに出くわすと、いじめられることもあるので、少し警戒しているところはある。破壊力のあるタイプはスカンジナビアのほうに来ていた」ということを言っていますね。

斎藤　神話には、いろいろな武器が出てきますけれども、もしかしたら、それらも、宇宙人によってつくられたものなのでしょうか。

大川隆法　「そうそう。北欧あたりの神々の伝説は、ほとんど宇宙人のことだと思う」と言っていますね。

松本　〝マイティ・ソー〟（雷のハンマーを持つ北欧神話の神・トールをモデルとしたキャラクター）とか……。

大川隆法　「そう。そういうやつらが苦手なんだ。あれにかかったら、ハンマーで頭を殴（なぐ）られて、イチコロで死んでしまう。そういうのが、いちばん苦手なので、直接的な接触を避けるように、いろいろと工夫（くふう）はしている」と言っていますね。

「地球を調査する目的」とは何なのか

斎藤　それだけ科学が発達しているということは、本星に当たる火星のほうでも、古代から、そうとうな科学的発展をしていると思います。

『「宇宙の法」入門』（幸福の科学出版刊）には、「人類は、火星や金星にも住んでいた時期があった」という内容の記述がありましたが、やはり、そのころから、火星と地球とは縁があるのですか。

大川隆法　「火星は、昼と夜の温度の差が非常に激しいので、かなり人工的に調整しないと、住むには厳しい環境にある。だから、環境を安定させるために、地下に住んでいる生き物が多い」と言っていますね。

松本　すみません。

先ほど、「調査をしに来ている」と伺ったのですが、その調査の目的のところが、いまひとつ、分かりにくいのですけれども……。

大川隆法　（宇宙人に）調査の目的は何ですか。

「宇宙の進化の状況は、全部、記録されている。『それぞれの星で、どのようなことが起きたか』ということは、全部、記録されているのだ。その指示が、どのへんから出ているのかは、分からないのだけれども、少なくとも、すべての星の進化の記録が取られている。そういう調査報告を受けて、（記録が）付けられているし、現に今だって、あなたがたの仕事は、ずっと調査されていると思う。ただ、それをやっている者は、私たちではなく、違う人たちだけれども」と言っています。

斎藤　地球の進化を調査している星には、ベガやプレアデスなどがありますが、あなたがたには、そうした星との交流があったり、つながりがあったりするのでしょうか。それとも、独立国のように、自分たちの種族だけで調査をされているのでしょうか。

（約五秒間の沈黙）

大川隆法　「ベガやプレアデスの勢力は、もっと強くて、要するに、メジャー化した星だ。例えば、地球に二百カ国があり、各国の力には差があるわけだが、ベガやプレアデスともなると、アメリカや日本、ヨーロッパの先進国並みの星に当たる。

（われわれよりも）もっと進んでいるというか、強くて、メジャーなのだ」と言っていますね。

「地球観測所」のように客観的にデータを取り続けている

斎藤　地球人を見たときに、何か感じるものがあると思うのですけれども、主観で結構ですので、地球人に対する感想や印象などはございますでしょうか。

大川隆法　「私は、過去……」

この「私は」というのは、宇宙人のことを指しています。

何か、この宇宙人と同通してきたなあ。

斎藤　（笑）すみません。

大川隆法　要するに、「過去、何度か、文明が滅びたのを見たことがある」と言っているのですが、「今は、文明が滅びるかどうかという時期なので、文明が滅びた場合、生き延びるのは、私たちのような、ネス湖などの秘境あたりに基地を構えている人たちだろう。そういう人たちは、その状態を残せるだろうけれども、文明が栄えている所にいる人たちは、危険度が高いだろうとは思っている。やはり、栄えた所は滅びるようになっていて、『かつて、大都会になった所でも、今は砂漠になって、砂に埋もれている』など、そういう所は数多くある」と言っていますね。

斎藤　「古代文明のなかで、現代でいう核戦争のようなものが何回かあった」という説があるのですが、そうしたものを見たことはありますか。

大川隆法　「直接、見ているわけではない。知識として学んだ内容で、『今、繁栄している所と、繁栄していない所とが、ほとんど逆転している』とは聞いている。

つまり、『繁栄している所が滅びて、別の所から新しい文明が起きる』というスタイルが何度も繰り返し起きていて、地球で繁栄している場所がさまざまに変わってきているわけだ。

例えば、アフリカにしても、過去には、もっと繁栄した時期もあったと思うが、その後、衰えに入ったりするなど、そのような波がいくつもあるようには見える。

むしろ、こういう〝氷河湖〟を思わせる、文明に取り残されたような所にいる人たちというのは、そうした浮き沈みに関係なく、客観的にデータを取り続けている。

ここは、そのための観測所のようなものなのだ」と言っていますね。

斎藤　観測所に近い感じなわけですか。つまり、「地球観測所」といった感じで記録を遺している所なのですね。

「ネッシー伝説」は逆利用されているだけ？

松本　そうしますと、ずばり、「ネス湖のネッシー伝説の正体は、あなたがただ」と理解してよろしいでしょうか。

大川隆法　「先ほど、ほかの生き物の話もあったので、目撃情報としては、ほかのものの場合もあるとは思う。

ただ、そのものずばりの巨大な恐竜が、この北の地方で生息しているわけではなく、せいぜい、巨大ガメか、巨大ザメのようなものだろう。こうしたものが、ネス湖に閉じ込められていることは、ありえるとは思う。

しかし、それ以外は、私たちのほうが伝説を利用している。特に、一九〇〇年代以降、〝ネス湖の恐竜伝説〟が非常にお強いので、それを逆利用しているわけだ。

ここは、もともと、もう少し交通の便が悪かったのだが、今は車が走っているために、発見される危険度が非常に増してはいる。

これまで、森や山のなかに住んでいれば、〝ホビット〟ということで済んだのだが、今は危険度が増しているので、もう一段、見つかりにくい所に基地をつくっている」と言っています。

斎藤　なるほど。

天雲　これからは、何をしようと計画されていますか。

（約五秒間の沈黙）

大川隆法　「ネッシー探検とＵＦＯ探検の、両方をやられると危険度が増してくるので、いろいろな調査隊が来ても、空振りさせなければいけない。それが大変だね。だから、調査隊が来たときに、うまいこと、目的物が見つからないようにして、予算がもたないようにしなければいけない。〝獲物〟を手に入れると、みんな、頑張って、粘ってしまうので、やはり、そうさせないようにしなくてはいけないわけだ。だから、私たちは、そういう調査隊が来たときには、巨大な生き物が、できるだけ近寄らないようにするために、一生懸命、よそに泳がせている」と言っています（笑）。

松本　はい、分かりました。

これで、今まで、まったくの謎であったネッシーの正体が、見えてきたのではないかと思います。

それでは、大川総裁、お戻りいただいてよろしいでしょうか。

大川隆法　はい、よろしいですか。

7　「ネス湖」の遠隔透視を終えて

大川隆法　（手元の資料〈前掲32ページ写真⑨〉を見ながら）まあ、こういう白いポコポコポコッとしたものが潜水艇なのでしょうか。

よくは分かりませんが、確かにありえますね。

少し複雑ではありましたけれども、最後に出てきた宇宙人には、ネッシー伝説を利用している雰囲気がありますね。

ただ、〝ＵＦＯもの〟には、けっこう、そういうところがあるようです。

写真⑨

斎藤　八メートルもある大きなサメ型の生物がいたり、プレシオサウルスのような形をした、五メートルぐらいある巨大ガメ型の古代生物が生き残っていたり、さまざまなことが、今回の遠隔透視リーディングによって明らかになりました。

　これは大変な発見であり、まさに、『不滅の法』に書かれていたとおりだったのではないでしょうか。

松本　驚愕の真実だと思います。

大川隆法　しかし、ネッシーを捕獲するのは、そう簡単ではなさそうですね。

松本　そうですね。

大川隆法　湖が大きいですからね。

斎藤　さらに、その奥に宇宙人がいるということが分かりました。宇宙人の基地があり、目的を持って活動していました。

大川隆法　小人伝説のもとになった〝ホビット型〟宇宙人が出てきたのは、少々、予想外でしたね。

今日は、これだけでよろしいですか。

それとも、中国の遠隔透視にも入りますか（注。約一カ月後の二〇一二年七月十七日に「中国秘密軍事基地？　を遠隔透視する」を収録した。『中国「秘密軍事基地」の遠隔透視』〔幸福の科学出版刊〕参照）。

天雲　いえ、もう大丈夫です。

大川隆法　今日は、ここまででよろしいですか。

松本　はい、驚くべき真実を数多く教えていただきました。

大川隆法　ああ、そうですか。

質問者一同　本当にありがとうございました。

大川隆法　はい。

あとがき

何とかネッシーらしきものには遭遇できたものの、伝説に言う恐竜型のものではなかったので、私の中に不完全燃焼感は残った。あの広く、深い湖には、まだ未知の生物がいないとは限らない。

スコットランドには、恐竜伝説が多い。少なくとも『聖コロンバ伝』に出てくる千四百五十年前に人間を襲ったとされる謎の水棲生物は、プレシオサウルス型ではないかと思われるので、このタイプには今回、出会っていない。また、スコットランドに数多い、火を吹くドラゴン型の生物の証拠はつかめなかった。

とまれ、第一回目のネス湖遠隔透視は終了したので、ここまで判ったことだけでも読者にご報告しておこう。

二〇一三年　三月二十六日

幸福の科学グループ創始者兼総裁　大川隆法

『遠隔透視 ネッシーは実在するか』大川隆法著作関連書籍

『不滅の法』（幸福の科学出版刊）
『ネバダ州米軍基地「エリア51」の遠隔透視』（同右）
『中国「秘密軍事基地」の遠隔透視』（同右）
『アトランティス文明の真相――大導師トス アガシャー大王 公開霊言――』（同右）
『宇宙人リーディング』（同右）
『「宇宙の法」入門』（同右）
※左記は書店では取り扱っておりません。最寄りの精舎・支部・拠点までお問い合わせください。
『多様なる創造の姿』（宗教法人幸福の科学刊）

遠隔透視 ネッシーは実在するか
──未確認生物の正体に迫る──

2013年4月19日　初版第1刷

著　者　　大川隆法

発行所　　幸福の科学出版株式会社

〒107-0052 東京都港区赤坂2丁目10番14号
TEL(03)5573-7700
http://www.irhpress.co.jp/

印刷・製本　株式会社 堀内印刷所

落丁・乱丁本はおとりかえいたします

ISBN978-4-86395-320-8 C0014

Photo: アフロ、Fortean/アフロ、Asbestos、RicciSpeziari、Vcarceler、Adams、Lachlan Stuart、MacNab、Cockrell、Richard Preston

大川隆法ベストセラーズ・**遠隔透視シリーズ**

ネバダ州米軍基地「エリア51」の遠隔透視

豪華装丁 函入り

アメリカ政府の最高機密に迫る

ついに、米国と宇宙人との機密が明かされる。人類最高の「霊能力」が米国のトップ・シークレットを透視する衝撃の書。

第1章　ネバダ州米軍基地「エリア51」の遠隔透視に挑戦する
──果たして地球に宇宙人は実在するか──

第2章　UFO墜落の真実

10,000円

中国「秘密軍事基地」の遠隔透視

中国人民解放軍の最高機密に迫る

人類最高の霊能力が未知の世界の実態を透視する第二弾！ アメリカ政府も把握できていない中国軍のトップ・シークレットに迫る。

- **「エリア51」や「ネッシー」の真実に迫った遠隔透視**
- **ゴビ砂漠の奥地に「謎のエリア」が存在する**
- **中国秘密軍事基地の恐るべき機能と役割**
- **東京ドーム数個分の広さがあるUFO基地　ほか**

1,500円

※表示価格は本体価格(税別)です。

大川隆法 霊言シリーズ・戦国三英傑の霊言

織田信長の霊言

戦国の覇者が示す国家ビジョン

緊迫する外交危機にあっても未来ビジョンなき政治、マスコミ、国民の問題点を鋭く分析——。日本の未来を切り拓く「攻めの国防戦略」を語る。

1,400円

徳川家康の霊言

国難を生き抜く戦略とは

なぜ、いまの政治家は、長期的な視野で国家戦略が立てられないのか。天下平定をなしとげた稀代の戦略家・徳川家康が現代日本に提言する。

1,400円

太閤秀吉の霊言

天下人が語る日本再生プラン

いまの日本は面白くない! 天下人まで登りつめた秀吉が、独自の発想力とアイデアで、国難にあえぐ現代日本の閉塞感を打ち砕く。

1,400円

幸福の科学グループのご案内

宗教、教育、政治、出版などの活動を通じて、地球的ユートピアの実現を目指しています。

宗教法人　幸福の科学

一九八六年に立宗。一九九一年に宗教法人格を取得。信仰の対象は、地球系霊団の最高大霊、主エル・カンターレ。世界百カ国以上の国々に信者を持ち、全人類救済という尊い使命のもと、信者は、「愛」と「悟り」と「ユートピア建設」の教えの実践、伝道に励んでいます。

（二〇一三年四月現在）

愛

幸福の科学の「愛」とは、与える愛です。これは、仏教の慈悲や布施の精神と同じことです。信者は、仏法真理をお伝えすることを通して、多くの方に幸福な人生を送っていただくための活動に励んでいます。

悟り

「悟り」とは、自らが仏の子であることを知るということです。教学や精神統一によって心を磨き、智慧を得て悩みを解決すると共に、天使・菩薩の境地を目指し、より多くの人を救える力を身につけていきます。

ユートピア建設

私たち人間は、地上に理想世界を建設するという尊い使命を持って生まれてきています。社会の悪を押しとどめ、善を推し進めるために、信者はさまざまな活動に積極的に参加しています。

国内外の世界で貧困や災害、心の病で苦しんでいる人々に対しては、現地メンバーや支援団体と連携して、物心両面にわたり、あらゆる手段で手を差し伸べています。

年間約３万人の自殺者を減らすため、全国各地で街頭キャンペーンを展開しています。

公式サイト **www.withyou-hs.net**

ヘレン・ケラーを理想として活動する、ハンディキャップを持つ方とボランティアの会です。視聴覚障害者、肢体不自由な方々に仏法真理を学んでいただくための、さまざまなサポートをしています。

公式サイト **www.helen-hs.net**

INFORMATION

お近くの精舎・支部・拠点など、お問い合わせは、こちらまで！

幸福の科学サービスセンター

TEL. 03-5793-1727（受付時間 火〜金：10〜20時／土・日：10〜18時）

宗教法人 幸福の科学 公式サイト happy-science.jp

教育

学校法人 幸福の科学学園

学校法人 幸福の科学学園は、幸福の科学の教育理念のもとにつくられた教育機関です。人間にとって最も大切な宗教教育の導入を通じて精神性を高めながら、ユートピア建設に貢献する人材輩出を目指しています。

幸福の科学学園

中学校・高等学校（那須本校）

2010年4月開校・栃木県那須郡（男女共学・全寮制）

TEL **0287-75-7777**

公式サイト **happy-science.ac.jp**

関西中学校・高等学校（関西校）

2013年4月開校・滋賀県大津市（男女共学・寮及び通学）

TEL **077-573-7774**

公式サイト **kansai.happy-science.ac.jp**

幸福の科学大学（仮称・設置認可申請予定）

2015年開学予定

TEL **03-6277-7248**（幸福の科学 大学準備室）

公式サイト **university.happy-science.jp**

仏法真理塾「サクセスNo.1」

小・中・高校生が、信仰教育を基礎にしながら、「勉強も『心の修行』」と考えて学んでいます。

TEL **03-5750-0747**（東京本校）

不登校児支援スクール「ネバー・マインド」

心の面からのアプローチを重視して、不登校の子供たちを支援しています。
また、障害児支援の「**ユー・アー・エンゼル！**」運動も行っています。

TEL **03-5750-1741**

エンゼルプランV

幼少時からの心の教育を大切にして、信仰をベースにした幼児教育を行っています。

TEL **03-5750-0757**

NPO 活動支援

学校からのいじめ追放を目指し、さまざまな社会提言をしています。また、各地でのシンポジウムや学校への啓発ポスター掲示等に取り組むNPO「いじめから子供を守ろう！ネットワーク」を支援しています。

公式サイト **mamoro.org**

ブログ **mamoro.blog86.fc2.com**

相談窓口 **TEL.03-5719-2170**

政治

幸福実現党

内憂外患の国難に立ち向かうべく、二〇〇九年五月に幸福実現党を立党しました。創立者である大川隆法党総裁の精神的指導のもと、宗教だけでは解決できない問題に取り組み、幸福を具体化するための力になっています。

党員の機関紙
「幸福実現NEWS」

TEL 03-6441-0754
公式サイト hr-party.jp

出版 メディア 事業

幸福の科学出版

大川隆法総裁の仏法真理の書を中心に、ビジネス、自己啓発、小説など、さまざまなジャンルの書籍・雑誌を出版しています。他にも、映画事業、文学・学術発展のための振興事業、テレビ・ラジオ番組の提供など、幸福の科学文化を広げる事業を行っています。

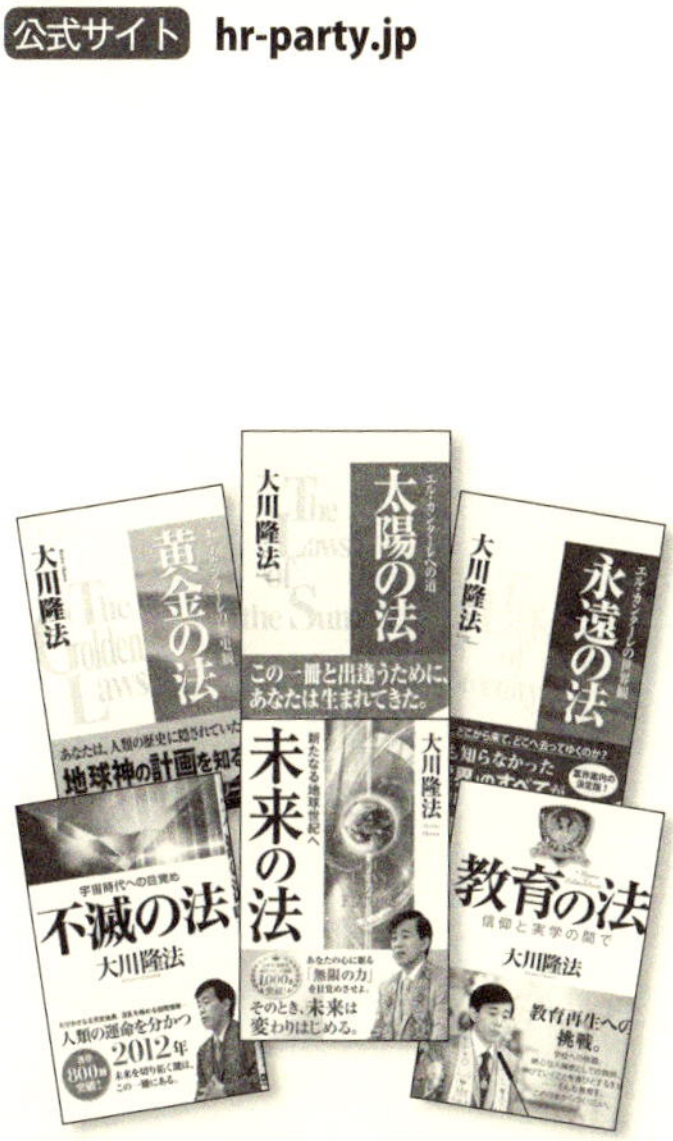

TEL 03-5573-7700
公式サイト irhpress.co.jp

入会のご案内

あなたも、幸福の科学に集い、ほんとうの幸福を見つけてみませんか？

幸福の科学では、大川隆法総裁が説く仏法真理をもとに、
「どうすれば幸福になれるのか、また、
他の人を幸福にできるのか」を学び、実践しています。

入会

大川隆法総裁の教えを信じ、学ぼうとする方なら、どなたでも入会できます。入会された方には、『入会版「正心法語」』が授与されます。（入会の奉納は1,000円目安です）

ネットでも**入会**できます。詳しくは、下記URLへ。
happy-science.jp/joinus

三帰誓願（さんきせいがん）

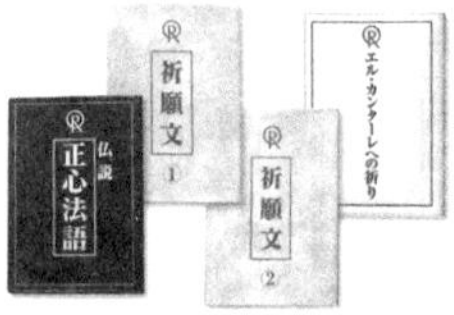

仏弟子としてさらに信仰を深めたい方は、仏・法・僧の三宝への帰依を誓う「三帰誓願式」を受けることができます。三帰誓願者には、『仏説・正心法語』『祈願文①』『祈願文②』『エル・カンターレへの祈り』が授与されます。

植福（しょくふく）の会

植福は、ユートピア建設のために、自分の富を差し出す尊い布施の行為です。布施の機会として、毎月1口1,000円からお申込みいただける、「植福の会」がございます。

「植福の会」に参加された方のうちご希望の方には、幸福の科学の小冊子（毎月1回）をお送りいたします。詳しくは、下記の電話番号までお問い合わせください。

月刊「幸福の科学」

ザ・伝道

ヤング・ブッダ

ヘルメス・エンゼルズ

INFORMATION	幸福の科学サービスセンター TEL. 03-5793-1727（受付時間 火～金：10～20時／土・日：10～18時） 宗教法人 幸福の科学 公式サイト happy-science.jp